U0056965

一玩再玩！ *Tokyo*

東京
怎樣都好玩

深度旅遊玩家　談曉珍（米小綠）
帶你翻轉東京大搜密

作者序

東京是我們很熟悉的城市，坐個「飛凌機」不過幾小時的時間，咻～一下就飛到了。朋友看我一天到晚往東京跑，總是問我：「東京到底還有什麼好玩的啊？」一年多前在和出版社商討《一玩再玩！首爾怎樣都好玩》這本書的時候，這個話題再度被提起。而就因為這句「東京『還』有什麼好玩？」促成了這本書的誕生，我忍不住想告訴大家，東京實在太～好玩了，根本怎麼玩都玩不完啊！

這本書除了分享個人小小的旅遊經驗外，也希望能以另一個角度讓大家看到不一樣的東京。在「大東京，小祕密」裡，收集了許多不為人知的東京小祕密，「那個」你也知道的地方，原來藏著這樣的祕密；在「四季之美樂遊遊」裡則為大家介紹東京的四季之美，讓大家無論在哪個季節到東京，都能知道該玩什麼、該怎麼玩；而在「東京美食大集合」當中，特別嚴選出各個日本代表性美食的精選店家，想吃「這道」美食該去哪裡？看了這篇就能明白；再來翻到「藝術大師在身旁」，會發現原來藝術離我們這麼近。此外，難得來趟東京，當然不能錯過體驗日本文化的好機會啦！請見「體驗活動零阻礙」，跟著小綠一起深入日本文化吧！若是懶得排行程？那麼相信「定好主題LET'S GO」與「一日行程自由選」能助各位的懶人行一臂之力。而最後的「血拼王國買透透」則為大家收集了各式人氣伴手禮、私心推薦，以及在地人都說讚的必買商品。除了希望第一次到東京旅遊的人能玩得得心應手，也希望去過東京的人能在各位熟悉的地方，發現不一樣的彩蛋。

懷胎1年（也許超過1年?!）的時間，生下了這本書，如果沒有大家的幫忙，絕對無法完成。首先要感謝瑞蘭國際出版的各位戰友，謝謝愿琦、仲芸給予我最大的支持與尊重；謝謝分別站上好人卡冠亞軍的Grace與Megu忍受我這個麻煩的作者，每當我冒出可不可以這樣、可不可以那樣

等天馬行空的想法時，感謝妳們不離不棄，給予我最大的協助與包容，如果沒有你們就沒有最棒的成果。還要謝謝開啟我斜槓人生的小象姐，謝謝妳讓我有機會和大家分享自己喜歡的事。再來要感謝全力支持我的家人、無條件收留我的Nina和Peggy、二話不說貢獻肖象權的所有至親至友，因為你們，讓這本書變得更加完整。

　　最後，要感謝購買這本書的你（妳），身為一個熱愛旅行的旅人，能和大家分享自身的旅遊經驗，是一件再美好不過的事了，希望這本書能為你（妳）帶來美妙的旅程，由衷感謝。

談曉珍（米小綠）

目 次

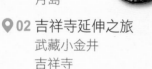
景點、店家資訊凡例

交 交通資訊	開 開放時間	價 價錢、票價、費用	IG Instagram
址 地址	演 表演時間	註 備註	FB Facebook
電 電話	期 活動期間	網 官網	
營 營業時間	休 公休日	Twitter	

①
大東京，小祕密

東京都內藏著好幾隻大怪獸？沒想到人來人往的月台用了這樣的巧思？而那隨處可見的地方居然是收藏迷的天堂？

大大的東京，其實藏著許多小祕密。看完這篇後，那個不經意經過的街角、或是常去的地方，都會變得如此不同。

01
車站月台的小巧思?!

JR山手線月台廣播男女有別♂♀

　　旅人經常使用的JR山手線，分為外環線（順時針方向）與內環線（逆時針方向）。大家有沒有注意過「○號月台開往○○方向的電車即將進站，請不要跨越黃線，避免發生危險」這段日文月台廣播是「男女有別」呢？外環線是<u>男生</u>的聲音，內環線則是<u>女生</u>的聲音呢！只要記住這點，當內外環線剛好共用同一個月台時，奔向月台途中，即可透過月台廣播判斷是哪一邊的電車來了，據說這個設計也是為了方便視障者分辨。

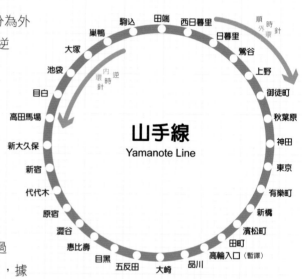

JR山手線是1條環狀線，繞1圈約60分鐘。

● 購買交通儲值卡

　　想省去排隊時間，最好先擁有一張Suica或PASMO交通儲值卡。前者由JR東日本推出，因發音與日文的「西瓜」相同，所以又名「西瓜卡」；後者由地鐵及私鐵推出。Suica可在JR東日本系統的售票機購得；PASMO可在東京Metro、都營地下鐵或私鐵系統的售票機購得，二者在成田、羽田機場均有販售，並已經完成整合，一卡在手東京樂遊遊，在關西等日本大部份的地區也都能使用！

⊙左 綠色是俗稱西瓜卡的「Suica」，粉紅色字樣則是「PASMO」。

⊙右 IC專用閘口用儲值卡在感應板上嗶一下即可通過；使用1日券或票券，則要找尋有投入口的閘口。

轉乘時如何縮短距離，節省時間？

　　例如要從有樂町線護國寺站坐到飯田橋站，需在飯田橋站轉乘東西線或大江戶線，那麼2、3、4號車廂離轉乘出口最近，而電梯靠近2號車廂。月台上的這張圖表讓各站的電梯、手扶梯、洗手間與各出口位置一目瞭然。遇到線與線之間距離遙遠或趕時間的時候，絕對能派上用場！

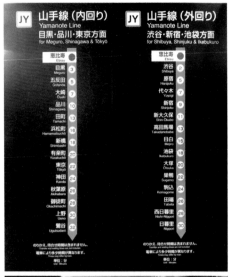

🔼 內外環傻傻分不清？上月台前先看兩側的標示，以人在惠比壽站為例，目的地若是池袋就要搭乘外環線，搭乘時間約18分鐘（白圈內是抵達目的地的所需時間）。

🔽 月台上隨處可見這張圖表，此圖標示著轉乘出口位置。

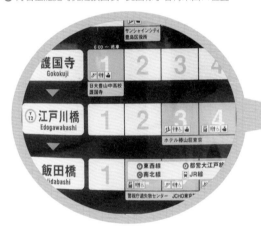

🔵 交通小提示：東京電車的尖峰時段大概落在什麼時間呢？

　　東京電車的尖峰時段大約在早上7：00～9：00，並以8：00～9：00為最，外出搭車最好能避開這個時段，除非有興趣體驗「擠沙丁魚」的感覺，那就不在話下了，擠過一次保證叫你永生難忘（笑）。

每到電車的尖峰時段，一入站便能看到滿～滿人潮，日本甚至還會僱用職業「推手」，專門負責在尖峰時段把乘客推上車（驚）。

02 手機沒電啦！快去這裡！

出了門才發現「糟糕！忘了帶充電器！」、「啊！忘了帶傳輸線！」，這個時候該怎麼辦呢？別擔心，在東京若是遇到這些情況，可先找尋附近是否有au、SoftBank、docomo這些通訊公司的門市，這些門市通常都有自助充電設備，若是沒有也可以拜託店員幫忙充電。如果剛好造訪東京鐵塔、豐島園、虎之門HILLS等著名景點，也有名為「City Charge」的太陽能板充電點，「City Charge」還與星巴克上野恩賜公園店、二子玉川公園店等分店合作，提供太陽能板充電椅，有接孔可以插線充電。

其他像是Bic Camera、Yodobashi Camera這樣的大型家電商場、全家便利商店、LAWSON便利商店，還有原宿等觀光客聚集之地的旅遊諮詢服務中心，也有提供付費充電服務，費用一般只要¥100喔！（計算方式依店家而異）

除此之外，也可以免費下載一個叫「まち充ナビ」（http://vps010007.infra-manage.net/lp/）的App，在連接網路的狀態下開啟這個App再按檢索，就能立即掌握所在地附近可充電的地方。而大家熟悉的「唐吉訶德」（ドン・キホーテ）也提供自助充電的機器，機器通常都擺放在醒目的地方，手機沒電的時候，來這裡就對啦！

🔺 JR原宿站斜對面的「東京旅遊諮詢服務中心」，充電充到飽只要¥100。（便利商店基本上是20分鐘¥100；家電賣場一般則是30分鐘¥100）

🔻 使用「まち充ナビ」，就可以一手掌握所在地或查詢地一帶可充電的地方。圖中可見唐吉訶德、觀光中心的標示，輕觸紅點也會跳出該充電點的資訊。

左「唐吉訶德」的免費自助充電機。

中 透過◄▲►鍵選擇空著的充電格，按下後蓋子就會打開，插上手機適用的傳輸線後，把手機放到充電格內，再蓋上蓋子。

右 輸入4位數密碼後，按下確認鍵。充好電後再次選擇放手機的充電格並輸入4位數密碼，即可取出手機。

什麼都有賣的「唐吉訶德」也提供免費充電服務。

03 有怪獸，大怪獸?!

人山人海的日本街頭，居然出現大怪獸，而且還不只1隻?! 其中1隻就是鼎鼎大名的哥吉拉啦！哥吉拉出自日本東寶的怪獸電影系列，自1954年播出至今，已有60幾年的歷史，而2015年開幕的「新宿東寶大樓」，則在該大樓的8樓設置了哥吉拉的展示空間。8樓同時也是「格拉斯麗新宿飯店」的大廳，高約12公尺、以1：1真實比例打造而成的「哥吉拉頭」就位在8樓的露台。從1樓抬頭往上望，探出頭的哥吉拉在人來人往的新宿歌舞伎町顯得十分搶眼，投宿該飯店的旅客與光顧8樓咖啡廳的顧客還可在開放時間

怪獸
哥吉拉

HOTEL GRACERY SHINJUKU
格拉斯麗新宿飯店

- 🚉 JR各線新宿站東口徒步約5分鐘／西武新宿線西武新宿站南口徒步約3分鐘
- 🏠 東京都新宿区歌舞伎町1-19-1
  1 Chome-19-1 Kabukichō Shinjuku-ku, Tōkyō-to
- ☎ 03-6833-1111
- 🕙 10：30～20：30
- ⚠ 僅開放給住宿旅客與8F Bonjour咖啡廳顧客參觀
- 🌐 https://gracery.com/shinjuku/page/godzilla.html

左下 位於東寶大樓8樓的哥吉拉。12：00～20：00每遇整點還會發出嘶吼喔！

右下 高12公尺的哥吉拉，是以1：1比例打造而成。

右上 看到HOTEL GRACERY跟著指示走到後方，再上8樓就對了。

內至8樓露台與哥吉拉近距離接觸。這麼酷的超人氣打卡景點哪裡找?! 快來一趟新宿吧！

　　另一隻要介紹的大怪獸位於三軒茶屋的茶澤通，是比較少人知道的私房景點。從三軒茶屋往下北澤方向走去，會發現超大的大猩猩出現在樓頂，樓下是間便利商店，而這棟大樓就叫「大猩猩大樓」呢！驚聲尖叫的瞬間，朝大猩猩的手上一看，大猩猩的手中捧著1位小女孩耶！原來大猩猩拯救了這位小女孩，真是隻善良的大猩猩啊！來到三軒茶屋一遊時，絕不能錯過這個景點。

大猩猩大樓

🚉 東急田園都市線三軒茶屋站北口徒步約6分鐘

🏠 東京都世田谷区太子堂3丁目15-2
3 Chome-15-2 Taishidō Setagaya-ku, Tōkyō-to

看似凶猛的大猩猩其實是個英勇的大英雄。

13

04 東京都內富士登山?!

自古以來日本人相信攀登富士山能得到神明保佑，但爬富士山可不是件簡單的事，聰明的日本人為了讓一般民眾能夠輕鬆攀登富士山，於是在江戶時代建造了迷你富士山——「富士塚」，這麼一來不但輕輕鬆鬆就能登頂，據說也能受到神明保佑呢！

那麼東京都內最大的富士塚在哪裡呢？答案就是位於品川神社的「品川富士」啦！這座富士塚超過15公尺，沿途設置了完善的登山道，穿過鳥居之後，從一合目、二合目……慢慢向上，登山道也從一開始的寬大石階與平路開始慢慢變窄，

神社境內有2隻守護交通旅行安全的富士蛙（日文「青蛙」的發音與「回家」同），旅途中超需要小蛙蛙保護的呀！

品川富士

🚃 京濱急行新馬場站徒步約5分鐘

📍 東京都品川区北品川3-7-15
3 Chome-7-15 Kitashinagawa Shinagawa-ku, Tōkyō-to

☎ 03-3474-5575

到了六合目的地方還真有點難度呢！不過別擔心，若覺得不好爬，只要抓著登山道旁的鐵鍊慢慢往上爬就行了，過了九合目，山頂近在眼前，雖然只是短短一段，卻也能為人帶來成就感，最棒的是，一趟路程只要……2分鐘！！是的！你沒看錯，只要短短2分鐘就可以稍微體驗一下富士山的登山之趣，又能獲得神明加持，一舉兩得何樂而不為呢？

🈯 品川神社入口的鳥居，鳥居上有罕見的昇龍、降龍雕刻，東京只有這裡、高圓寺內的稻荷神社與馬橋稻荷神社有，號稱東京三大鳥居。

🈶 幽靜的品川神社，是海上交通安全與願望的守護神。

🈸 靠近原宿的鳩森八幡神社也同樣有個小富士塚，順經此地的話，也可以來此登個富士山唷！

❶ 富士塚的入口位在品川神社入口石階的左側。　❷～❿ 登山道從一合目開始，愈往上愈陡峭。

⓫ 從山頂望見的景象。雖然路程短短，但好有成就感。

05

淺草寺旁走過路過千萬別錯過的事業之神?!

　　「雷門」、「淺草寺」是大家來到東京的必遊之地，可是大家是否知道淺草寺旁，有個經過時超～容易錯過的事業之神呢？那就是「被官稻荷神社」啦！

　　被官稻荷神社位於正對淺草寺本堂的右側，經過淺草神社後，會先看到灰色的小小鳥居，千萬別懷疑，穿過鳥居，被官稻荷神社就在盡頭。這間據說是超靈驗的求事業祕密基地，雖然較少觀光客知道，但卻深受當地民眾愛戴。

淺草神社除了狐狸御守外，還有一個非常罕見的「大丈夫」黑色御守（1個¥500）。日文的「大丈夫」雖然也指男子漢大丈夫之意，不過一般用來表示「安心、放心、沒問題」之意。在身旁掛個「大丈夫」，能保佑無牽無掛、無煩惱。

🔼 若想供奉狐狸可到淺草神社購買（1對¥1500，不附蠟燭，蠟燭2支¥100）

🔽 看到這個小小的灰色鳥居就代表沒走錯喔！千萬別懷疑。

淺草神社

面對淺草寺本堂往右側走去，會先經過這座淺草神社，而被官稻荷神社就位在這座淺草神社的右側。

在日本稻荷神社可以說是求事業、求錢財的必拜神社，在被官稻荷神社境內，兩旁設置的不是狛犬而是狐狸，神社內也放著好多可愛的狐狸，因為狐狸是稻荷大神的使者喔！雖然以「被官」作為神社名稱的原因不詳，但被官可作「出人頭地」之解，**想出人頭地當然要來拜一下囉！**下次造訪淺草寺之際，走過路過可千萬不能再錯過了唷！

被官稻荷神社

被官稻荷神社

🚇 東京Metro銀座線3號出口徒步約6分鐘

📍 東京都台東区浅草2-31-16
2 Chome-31-16 Asakusa, Taitō, Tōkyō-to

☎ 03-3844-1575

🌐 https://www.asakusajinja.jp/hikanjinja/

小小的被官稻荷神社，受到當地民眾的愛戴。

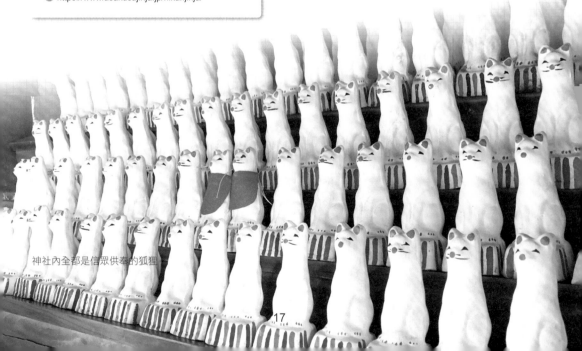

神社內全都是信眾供奉的狐狸

06
城市沙漠有綠洲?!

　　人來人往的東京，有幾處難能可貴的沙漠綠洲？在此精選出「皇居東御苑」、「明治神宮」、「東急PLAZA表參道原宿」與「KITTE」這4個猶如綠洲的好地方，一方面可以在旅程中稍微喘口氣、歇歇腿，一方面還可以藉此欣賞東京美景，充飽電後再往下個行程繼續邁進！

皇居東御苑

　　位於東京中心的皇居，四周環繞著護城河，除了有日本古典建築，還有許多自然景觀，是歷史愛好者的必訪之處。在日本幕府時代，這裡是德川將軍居住的江戶城，明治天皇登基後，從京都遷居至江戶，將江戶易名為東京，於是這座城也從江戶城、東京城慢慢易名為今日的皇居，目前是日本天皇居住的地方。

　　而皇居東御苑正宛如城市沙漠裡的一片綠洲。以前的本丸（日本城堡的中心）所在地，現在成了一大片綠油油的草坪，並有百花爭豔的美麗庭園、高聳的樹木與竹林，除此之外，還可以欣賞到富士見櫓、百人番所、天守台等歷史遺跡，在療癒身心

皇居東御苑

🚇 東京Metro千代田線二重橋站6號出口徒步約10分鐘／都營三田線大手町站D2出口徒步約10分鐘／JR各線東京站丸之內中央口徒步約15分鐘

📍 東京都千代田区千代田1-1
　 1-1 Chiyoda Chiyoda-ku, Tōkyō-to

☎ 03-3213-1111

🕐 （閉園前30分鐘停止入場）
　 3月1日～4月14日9：00-16：30
　 4月15日～8月底9：00-17：00
　 9月1日～10月底9：00-16：30
　 11月1日～次年2月底9：00-16：00

🈺 週一、週五（天皇誕生日以外的日本國定假日除外；週一如遇日本國定假日，則改為隔日週二休園）

💴 免費

🌐 http://www.kunaicho.go.jp/event/higashigyoen/higashigyoen.html

📝 預約參觀皇居：http://sankan.kunaicho.go.jp/english/guide/koukyo.html

📱 免費實用App：palaces guide。備有中英法等6種語言的語音導覽及文字介紹。

進入東御苑的大手門，是本丸的入口。在此檢查完隨身行李後，方可入內領取入園票。

必拍！

左 大手門內側的「同心番所」是以前警備人員的所在地，屋瓦上可見德川將軍家族的葵紋家徽，以及皇室御用的菊花圖案。

右上 以前江戶城共有6座三層櫓、10座二層櫓、4座單層櫓，富士見櫓是唯一僅存的一座三層櫓。具有防禦、監視等功能。

右下 穿過俗稱皇居前廣場的外苑，可看到二重橋，是造訪皇居必拍的景點之一，後方右側可見伏見櫓。

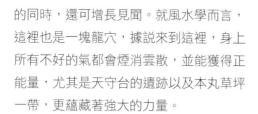

的同時，還可增長見聞。就風水學而言，這裡也是一塊龍穴，據說來到這裡，身上所有不好的氣都會煙消雲散，並能獲得正能量，尤其是天守台的遺跡以及本丸草坪一帶，更蘊藏著強大的力量。

參觀皇居東御苑不需要預約，直接於參觀時間內前往大手門、平川門或北

桔橋門，通過安檢後領取入園票，即可入內自由參觀。若想參觀皇居，因預約人數眾多，最好在造訪日的1個月前，上「宮內廳」網頁申請，雖然也可以當天直接至桔梗門領取號碼牌並登記，但若遇到預約額滿就參觀不成啦！

廣大的草坪是以前的本丸所在地，背景可見皇居四周高樓大廈林立，讓此處宛如城市沙漠中的綠洲。

明治神宮、東急PLAZA表參道原宿

　　人來人往的原宿，也有2個城市沙漠裡的綠洲，一處是每年參拜人數位居日本之冠的「明治神宮」，另一處則是「東急PLAZA表參道原宿」的頂樓。前者供奉的是明治天皇與昭憲皇太后，占地70公頃，是東京都僅次於皇居的第2大綠地，也是避暑、吸收芬多精的好去處。後者是位於表參道與明治通交叉口的購物中心，頂樓的空中花園彷彿就像另一個世界，逛街之餘千萬別錯過這2個絕佳的休憩空間。

(左) 大大的木製鳥居是明治神宮的象徵，境內幽靜的環境能讓人暫時忘卻喧囂。

(右上) 位於6樓的空中花園，就像都市裡的小森林一樣。

(右下) 從頂樓空中花園望見的美景，東急PLAZA的對面是原宿著名的百貨公司「LAFORET」。

東急PLAZA表參道原宿

🚉 JR山手線原宿站表參道口徒步約4分鐘／東京Metro千代田線、副都心線明治神宮前（原宿）站5號出口徒步約1分鐘

🏠 東京都渋谷区神宮前4-30-3
　　4 Chome-30-3 Jingūmae, Shibuya-ku, Tōkyō-to

📞 03-3497-0418

🕐 11：00～21：00

🈺 全年無休

🌐 https://omohara.tokyu-plaza.com/ct/

明治神宮

🚉 JR山手線原宿站表參道口徒步約1分鐘／東京Metro千代田線、副都心線明治神宮前（原宿）站2號出口徒步約1分鐘

🏠 東京都渋谷区代々木神園町1-1
　　1-1 Yoyogikamizonochō, Shibuya-ku, Tōkyō-to

📞 03-3379-5511

🌐 http://www.meijijingu.or.jp

明治
神宮

東急LAZA
表參道原宿

KITTE

位於東京車站南口對面的「KITTE」是日本郵局開設的商業設施，之所以叫「KITTE」有2個原因，第1個原因是因為「郵票」的日文讀作「KITTE」；另一個原因是因為此讀音與日文的「來」相近，希望有更多人來到這裡。

其實這棟建築物是由東京中央郵局改建而成，整修後1樓部分依然是中央郵局，在這裡可以買到只有此郵局才能買到的原創商品。在這裡除了可以購物、用餐外，在此要介紹給大家的沙漠綠洲則是位於6樓的戶外花園。

從這個戶外花園向東京車站望去，可欣賞到東京車站的側面之美，而且這個花園還備有步道與休憩空間，可悠閒地坐在椅上吹吹晚風、欣賞夜景，而此地的夜景，可是東京數一數二的打卡聖地呢！所以若是來到此地，非拍個夠本才行。

KITTE

🚇 JR各線東京站丸之內南口徒步約1分鐘／東京Metro丸之內線東京站直通／東京Metro千代田線二重橋站徒步約2分鐘／東京Metro三田線大手町站徒步約3分鐘

🏠 東京都千代田区2-7-2 JR TOWER B1～6樓
2 Chome-7-2 Marunouchi Chiyoda-ku, Tōkyō-to

☎ 03-3213-7056

🕐 週一～週六11：00～21：00（餐廳～23：00）
週日、日本國定假日11：00～20：00（餐廳～22：00）

🏠 全年無休

🎫 免費

🌐 http://jptower-kitte.jp/zh_tw/

KITTE

打卡
熱點

東京中央郵局原創馬克杯
¥1250。
東京中央郵局原創名信片
¥154。

⬆ 由東京中央郵局改建而成的「KITTE」，白色外觀相當醒目。

⊕ 從南口延伸出去的東京車站夜景。後方還可看到東京車站的月台。

⬇ 此戶外花園還備有舒適又美麗的步道與休憩空間，並得到都市綠洲「SEGES」的認證。

07

企鵝空中飛啊飛?!

也許看過企鵝走路、看過企鵝遊水,但是否看過企鵝在空中飛啊飛呢?! 快去池袋Sunshine City的「陽光水族館」開開眼界吧!

陽光水族館

🚇 東京Metro有樂町線東池袋站7號出口徒步約3分鐘／都電荒川線東池袋四丁目站徒步約4分鐘／JR各線、東京Metro各線、西武池袋線、東武東上線池袋站東口徒步約8分鐘

📍 東京都豐島区東池袋3-1-1
3 Chome-1-1 Higashiikebukuro Toshima-ku, Tōkyō-to

☎ 03-3989-3466

🕐 依時期而異(請參考官網)

休 全年無休

💴 大人¥2200／中小學生¥1200／4歲以上的幼童¥700

🌐 https://www.sunshinecity-global.com/zh-TW/facility/aquarium/

FB https://www.facebook.com/pg/Sunshine.aquarium.official.ch/posts/?ref=page_internal(透過FB可掌握水族館的最新中文資訊)

⬆ 有效利用頂樓空間的「陽光水族館」,麻雀雖小五臟俱全。

⬇ 名為「天空企鵝」的獨特水槽,在此可以欣賞到企鵝空中飛的景象。

水槽L形的設計,形成企鵝穿梭在大樓之間的奇景。

22

漫天飛舞的企鵝近在眼前，這種畫面只
有在這裡才能欣賞得到。

　　陽光水族館雖然一點都不大，但麻雀雖小五臟俱全，因為全賴它利用頂樓與空間特點，在觀賞方式上下了很多工夫。大大小小的水槽裡，住著各式各樣的水中生物，夢幻的水母隧道是情侶與孩子們最愛停留的地方。除了水中生物外，還會不定期舉辦限期活動，例如2018年4月底～5月期間就曾設置「毛茸茸廣場」，讓訪客可以和羊駝、水豚等動物明星近距離接觸與互動。

　　而此水族館最大的魅力，就是於2017年推出的「飛天企鵝」！水族館妥善利用頂樓的空間設計，採用世界首創的水族箱展示法，讓遊客一抬頭就能欣賞到企鵝漫天飛舞的景象。而且由於水族箱採L形設計，等於360度零死角，所以能充分觀察企鵝的各種姿態。看到眼前可愛的企鵝在天空與大樓之間恣意穿梭，那畫面實在令人難忘。

🔺 限期推出的「毛茸茸廣場」上，可與羊駝互動。
🔻 可愛的亞洲小爪水獺，還會表演特技呢！

08
入夜後的超市戰爭?!

入夜後的東京各大超市，聚集了大量人潮?! 大家的目標只有一個，那就是搶購降價美食！！無論是熟食區也好、生鮮區也好、水果甜品區也好，臨近閉店時間都會來個降價特賣，超級划算！尤其是生魚片、握壽司，因為放到隔天就不新鮮了，所以折扣更是驚人，有時還有可能低於半價。來東京就是要買東西、吃東西，買東西、吃東西，連宵夜也不能虧待自己，所以豈能錯過。

出發前往日本前，請先調查一下住宿點附近的超市，以及超市販賣的品項

吧！東京各大車站百貨的超市因熟食、握壽司的選擇非常豐富，所以更是必須鎖定的目標，當然最重要的是必須抓準各超市的閉店時間囉！請在閉店前的1小時前抵達，先觀察一下各品項降價的情況，此時應該會看到店員正忙著一一為商品貼上降價標籤或擺出相關標示，鎖定之後就可以開始挑選自己喜歡的美食啦！閉店30分鐘前折扣還會降到更低，千萬要把握！

或許有人會問：「那如果看到自己已放入購物籃裡的相同商品價格降到更

左 30% OFF代表打7折，而～円的後面若有個「引」字，則代表減多少錢。（例：「200円引」代表減¥200。）
右 臨近超市閉店時間，店員忙著貼上降價標籤。

低了該怎麼辦？」別擔心，只要還沒結帳，都可以將該商品拿給正在貼標籤的店員，示意是否能貼上降到更低的價格標籤，通常店員都很樂意！不過別忘了答謝店員唷！

⬆ 新鮮的生干貝原價¥690，特價¥500。

⬛ 一盒綜合握壽司居然從¥980變成了¥490。

⬇ 時節對的話，日本又大又甜又多汁的草莓也不容錯過。

下班後準備回家的上班族與主婦，大家都在搶購美味又便宜的降價美食。

25

09 饂飩坂上沒餛飩?!

靠近六本木HILLS的小巷內，有個小坡名叫「饂飩坂」，不仔細看可能會看成「餛飩」二字，其實饂飩這個日文漢字的意思是指烏龍麵呢！日本的烏龍麵與餛飩到底有沒有關係？說法眾說紛紜。至於這個「饂飩坂」與烏龍麵又有什麼關係呢？相傳天明年間，這裡有間名為「松屋伊兵衛」的烏龍麵店，所以這條小坡就被命名為饂飩坂。

行經此處，現在已經沒有烏龍麵店了，不過若想嚐嚐好吃的烏龍麵，距離饂飩坂走路約2分鐘的地方，倒是有間知名的烏龍麵店名叫「TsuruTonTan」，這

饂飩坂

🚇 東京Metro日比谷線、都營大江戶線六本木站3號
出口徒步約2分鐘

🏠 東京都港区六本木5-1-10
5 Chome-1-10 Roppongi Minato-ku, Tōkyō-to

家店來自關西，由於日本女星夏木麻里非常愛吃這家店的烏龍麵，並希望除了關西之外，也能在東京吃到，於是以此為契機，「TsuruTonTan」在東京展店，而東京的新宿分店及六本木分店這2家店，由女星夏木麻里負責經營與策劃。入店後一攤開菜單，會發現各式各樣與一般烏龍麵店不太一樣的創意烏龍麵，

🈴「饂飩坂」的路標。路標的另一面寫著命名的源由。　🈴 位於赤坂的「牛鳴坂」有個有趣的起源。

26

選擇相當多樣化，除了烏龍麵之外，還有各種小菜，最酷的是還有烏龍麵冰淇淋呢！有機會一定要嚐嚐。

　　穿梭在東京各地，會發現許多有趣的地名，最常見的「富士見坂」，大多是因為看得到富士山而命名，不過現在大多已被高樓大廈遮蔽。而坡道超多的赤坂一帶，也有條坡叫作「牛鳴坂」，因為此坡在以前非常難爬，讓拉車的牛不禁發出痛苦的鳴叫聲而得此名，是不是很有意思呢？

TsuruTonTan六本木店

- 🚇 東京Metro日比谷線、都營大江戶線六本木站3號出口徒步約5分鐘
- 📍 東京都港区六本木3-14-12六本木3丁目大樓
  3 Chome-14-12 Roppongi Minato-ku, Tōkyō-to
- ☎ 03-5786-2626
- 🕐 11：00～隔天早上8：00
- 🚫 全年無休
- 🌐 http://www.tsurutontan.co.jp

🔵左 烏龍麵冰淇淋（特製アイスクリーム ¥480）好特別啊！隨餐還附小酥餅。

🔵右 春季特選的春季時蔬豬肉芝麻燴麵（国産豚と春野菜胡麻餡かけのお饂飩）¥1380。

知名連鎖烏龍麵店「TsuruTonTan」就在饂飩坂附近。

10 賓士今兒個不賣車，賣的是?!

鼎鼎大名的賓士汽車，今兒個居然不賣車?! 不不不，不是不賣車，而是六本木的賓士展示中心將觸角伸向餐飲界，推出了「DOWNSTAIRS COFFEE」、「UPSTAIRS」餐廳，以及「Mercedes me NEXTDOOR」體驗設施，而體驗設施不但不定期舉辦活動，還販售各式簡餐與飲品。

在這之中，特別推薦的是位於2樓的餐廳「UPSTAIRS」。這間餐廳的菜色經常更新，三不五時就會透過官網公布新菜色，從披薩、意大利麵、排餐、甜品到一整套的套餐，雖然是賓士汽車推出的餐廳，但論味道卻一點也不輸一般餐廳，而且還備有咖啡酒吧。所以當

賓士展示中心

⊗ 東京Metro千代田線乃木坂站3號出口徒步約2分鐘／都營大江戶線六本木站7號出口徒步約5分鐘／東京Metro日比谷線六本木站4a出口徒步約7分鐘

🏠 東京都港区六本木7-3-10
7 Chome-3-10 Roppongi Minato-ku, Tōkyō-to

☎ （DOWNSTAIRS COFFEE）03-3423-8772
（UPSTAIRS）03-3423-8775
（Mercedes me NEXTDOOR）03-3423-1256

🕐 （DOWNSTAIRS COFFEE）7：00～23：00
（UPSTAIRS）午餐時段11：00～16：00
午茶時段15：00～18：00
晚餐時段18：00～23：00
咖啡酒吧11：00～24：00
（Mercedes me NEXTDOOR）
午餐時段11：00～16：00
晚餐時段17：00～22：00

🌙 全年無休

🌐 https://www.mercedesme.jp

左❹「UPSTAIRS」不定期更換各式餐點，每一道都很美味，實在很難想像居然能在賓士車展示中心嚐到美食。　右 時尚的座椅與落地窗設計，營造出絕佳的氣氛。

你遊走在六本木這個藝術金三角之時，若想稍微休息一下，坐下來喝杯茶或咖啡，那麼這裡會是個好選擇；若想喝杯小酒的話，這裡也有啤酒、雞尾酒、葡萄酒等多種選擇唷！

　　喜歡吃日本料理的人，也可以選擇在「Mercedes me NEXTDOOR」用餐，這裡備有附味噌湯的各種日式午間套餐以及西餐。一邊欣賞著賓士車之美、一邊享受美食，這種機會實在難得。若想要留點紀念，也可以在紀念品區選購帶有賓士標誌的各式紀念精品喔！

🔼 入夜後在這裡喝杯小酒，感受想
　　必不同凡響。

🔽 體驗區剛好有顧客在試車，這體驗
　　設施實在太酷了。

🔽 店內販售各種賓士相關紀念品。

「Mercedes me NEXTDOOR」備有室內用
餐區及露天座席，在這裡可享用各式簡餐。

11 傳說中的關東口味有點鹹？!

　　許多人第一次來到東京吃到拉麵等食物時，第一句話也許會是「天啊！怎麼那麼鹹?!」或遇到一開始還不覺得，但愈吃愈鹹的情況，我自己也是如此（笑），雖然並不是所有東京食物都那麼鹹，但比較起關東與關西的口味，的確有很大的差異。關東口味偏重，關西口味偏淡，這是因為江戶時代曾為農地的東京，較多農民與武士等重勞動人口，因此偏愛味道較濃的食物；商人、貴族較多的關西則喜歡活用食材本身的味道與色彩，偏愛清淡口味。

尾張家關東煮

　　想試試純正關東風味、又怕不合口味的人，關東煮可以說是最佳選擇，原因在於不需要一次點太多，可以先點幾樣試試味道，符合口味再多點幾樣。

　　要在東京找到純正關東風味其實並不容易。位於神田的老店「尾張家」，創業於西元1927年，至今已有將近百年的歷史，多年來一直秉持不變的味道，大量使用每天從築地採買而來的昆布、小魚干與柴魚熬煮成高湯，湯頭帶有鮮明的柴魚香，味道非常濃

尾張家關東煮

- 🚇 JR中央線、山手線、京濱東北線神田站南口徒步約2分鐘／東京Metro銀座線神田站徒步約5分鐘
- 🏠 東京都千代田区鍛冶町1-6-4
  1 Chome-6-4 Kajichō Chiyoda-ku, Tōkyō-to
- ☎ 03-3251-4320
- 🕐 （中午）11：30～13：00
  （晚上）17：00～22：00
- 🈺 週六、週日、日本國定假日
- ⚠ 固定加收餐前小菜費

🔴右　已有將近百年歷史的「尾張家」位在JR神田站附近的小巷內。

🔴左上　手工高麗菜捲每天限定40條，使用的是創業超過百年的日本橋日山肉舖的絞肉（牛豬混合）。

🔴左中　右邊白色的魚豆腐是關東煮中必備的食材。

🔴左下　招牌豆腐、白蘿蔔都是不錯的選擇，尤其是此店的豆腐，採用神田老店以古法製成的老豆腐，經老闆娘的細心熬煮，味道十分入味。

30

郁，之後再用此高湯熬煮從神田、日本橋一帶的專賣店購得的精選食材，十分用心。初來此店的人，建議一開始先不要點太多，關東傳統風味偏濃，不見得人人都愛，而且此店用料紮實，最好能先點幾道，配上美酒一同享用，喜歡再多點幾道。

神保町炒麵MIKASA
（神保町やきそば　みかさ）

　　説到神保町，總是讓人聯想到「書街」或「運動用品街」，但這裡也有一家可以品嚐到濃郁關東風味的炒麵專賣店叫作「MIKASA」。

　　營業時間前早已排起人龍的這間炒麵專賣店，在當地非常有名，每天僅限150份。使用的是100%北海道麵粉製成的麵條，麵條本身並非一般日式炒麵用的圓麵，而是手工扁麵，口感較有彈性。口味部分共有鹽味炒麵與醬燒炒麵這2種，加花枝、蝦仁再加¥100。在門口買完餐券並入座後，店員會過來詢問要一般分量（並盛り／NAMIMORI）還是大份（大盛り／OOMORI）。炒麵上放有大量蔥絲、豆芽菜與高麗菜，上面再放上一顆半熟蛋，用料實在、分量十足，麵條部分沾有大量醬汁，味道十分濃郁，若覺得太濃的人，可加一些爽口的紅薑調整一下。此外，桌上還放有炸麵球與美乃滋，在炒麵上淋上美乃滋是很日式的吃法，日本的美乃滋味道較甜，因此加入美乃滋後炒麵的味道也會變得甜甜鹹鹹，而炸麵球則可增添口感，再加上爽口的蔬菜與半熟的蛋汁，那滋味實在令人難忘。

神保町炒麵MIKASA

- 🚇 東京Metro半藏門線、都營新宿線神保町站A4出口徒步約3分鐘
- 🏠 東京都千代田区神田神保町2-24-3
  2 Chome-24-3 Kanda Jinbōchō Chiyoda-ku, Tōkyō-to
- ☎ 03-3239-5110
- 🕐 上午11：00～售完為止（限定150份）
- 🚫 週日、日本國定假日
- 💰 醬燒（ソース）／鹽味（塩）¥800
  炒麵加花枝、蝦仁（イカ・エビ入り）¥900
- 📝 一般份量與大份價格相同。
- 🌐 http://mikasain.com

🔼 神保町炒麵「MIKASA」僅此一家，絕無分號。

🔽 加了花枝與蝦仁的醬燒炒麵，讓人看了口水直流。麵條與一般日式炒麵不同，使用的是較有彈力的手工扁麵。

12
原來這美食源自日本?!

說到日本發明，大家會聯想到什麼？卡拉OK？還是新幹線？那麼食物呢？大家是否知道，我們熟悉的冰咖啡與三角形草莓鮮奶油蛋糕，其實都源自日本呢？提起冰咖啡是由日本人發明，大家應該會感到意外吧！相傳明治時期神田小川町的某冰店開始推出冰咖啡，一開始並未放入冰塊，而是將瓶裝咖啡放在冰涼的井水裡冰鎮，後來才慢慢普及並推廣到全世界。至於對於「Short Cake」的解讀雖然世界各地不盡相同，不過在日本「Short Cake」指的是三角形、帶有夾層的草莓鮮奶油蛋糕，它是日本代表性的甜點，雖然關於發明者的說法眾說紛紜，不過基本上是由法式或美式的「Short Cake」改良而來。

位於寧靜巷內的「ICHIBIKO」，不仔細看，實在很難發現。

草莓甜品專賣店ICHIBIKO（いちびこ）

　　在此要推薦給大家的草莓鮮奶油蛋糕，出自一間紅得非常有道理的草莓甜品專賣店「ICHIBIKO」，此店雖然位於寧靜的巷內，四周都是一般民宅，並只在入口處放了一張兔子揹著草莓籃的插畫代替招牌，依然吸引各地的草莓甜品控前來朝聖。

　　此店使用的草莓名叫「MIGAKI草莓」，是宮城縣山元町出產的草莓品牌，被稱作「吃的寶石」。各式各樣的草莓甜品中，草莓鮮奶油蛋糕絕對是經典中的經典，軟綿綿的海綿蛋糕抹上了甜度適中又新鮮的鮮奶油，再加上又大又甜又多汁的草莓，一入口就能立刻明白此店大受歡迎的原因。還沒去的人一定要去，吃完一定會愛上這裡。

ICHIBIKO

- 🚇 東急田園都市線三軒茶屋站徒步約10分鐘／世田谷線西太子堂站徒步約2分鐘
- 🏠 東京都世田谷区太子堂5-8-3
  5 Chome-8-3 Taishidō, Setagaya-ku, Tōkyō-to
- ☎ 03-6450-8750
- 🕐 11：00～19：00
- 🈺 全年無休
- 💰 草莓鮮奶油蛋糕（ショートケーキ）¥550／冰茶（アイスティー）¥450
- 🌐 https://ichibiko.net

經典草莓鮮奶油蛋糕看似簡單，但卻暗藏學問。

🔺 目前店內只有L形面窗的室內用餐區，並提供外帶服務。　🔺 會被稱作寶石絕非浪得虛名的上等草莓。
🔺 除了甜品外，店內也備有各種飲品。

13 甜點也有OUTLET?!

　　來日本旅行，甜點絕對是必排的行程之一，但不便宜的價格也許會讓人卻步，那麼大家是否知道甜點也有OUTLET呢？而且這甜點OUTLET就位在大家熟悉的上野恩賜公園旁喔！

　　名為「Domremy」的這間甜點OUTLET，經常被日本節目介紹，是工廠直營的甜點店，目前在東京一共有2家分店，雖然價格便宜，但卻一點也沒有影響品質，因此深受當地民眾喜愛。之所以會賣得那麼便宜，是因為商品在外觀上有一些小瑕疵，比如說歪斜、破損、標籤不正、一些邊邊角角的蛋糕或即期品等，於是以特別的價格出售。這些甜點雖然外觀上並不完美，但品質卻不受影響，就拿大家來日本必買的日式布丁來說，一個只要¥50起，實在是太超值了！而且從蛋糕、泡芙、水果塔到日式丸子，種類相當豐富，讓人忍不住開啟瘋狂採購模式。

Domremy Outlet

🚇 東京Metro銀座線、都營大江戶線上野御徒町站A3出口徒步約3分鐘

🏠 東京都台東區2-12-14 HOTEL COCO GRAND上野不忍1F
2 Chome-12-14 Ueno, Taitō, Tōkyō-to

☎ 03-5812-1157

🕐 11：00～21：00

🈺 全年無休

ℹ️ 東京另有北千住分店
（東京都足立区千住3-40-2 HOTEL COCO GRAND北千住1F）

🌐 http://www.domremy.com

⬆ 位於上野恩賜公園旁的「Domremy」，店內總是擠滿了人。

⬇ 口味豐富、種類五花八門的各式甜點，讓人陷入選擇障礙。

🔵 日式卡士達布丁居然只要¥50，真是驚人。

🔴 臨近上野動物園的甜點OUTLET，也有販售貓熊相關商品（貓熊束口袋內含3片餅乾¥550）。

14
明信片收藏迷的天堂在這裡?!

喜歡收藏明信片的朋友們來到東京，有一個地方絕不能錯過，那就是「日本郵局」啦！也許有人會問：「明信片不就是這樣嗎？」不不不，四處可見的日本郵局可是個深藏不露的收藏迷天堂呢！

當地明信片（ご当地フォルムカード）

日本全國分成47個管轄區，包括一都（東京都）、一道（北海道）、二府（京都府與大阪府）與43縣。從2009年開始推出的「當地明信片」，圖案每年更新，明信片的圖案大多會選擇地方代表性的人物、特色、建築或特產，47個管轄區的樣式全都不同，也就是說在東京只能買到東京的「當地明信片」，若覺得千葉的「當地明信片」好可愛，就必須跑到千葉的郵局去買。當然這之中也有例外，比如說富士山造型的「當地明信片」，因為富士山橫跨靜岡縣與山梨縣，所以這張明信片可在這2縣的郵局購得。對於旅人而言，來到當地旅遊時若想留個紀念，「當地明信片」是個特別又很有紀念意義的選擇。

🔺❸ 日本各地郵局販售的「當地明信片」是旅途的最佳紀念。東京推出的「當地明信片」。東京車站、新宿都廳、上野動物園都是熱門景點。

🔻❸ 購買張數滿5張只要主動詢問郵局人員，還會送一張迷你版。

郵筒形明信片

　　除了「當地明信片」之外，還有個值得收藏的明信片，就是隨季節推出的「郵筒形明信片」。這種明信片除了時而與卡通明星合作外，還會隨季節推出季節性的圖案，有些地方性的郵局甚至會推出地方代表性的圖案或字樣，紅通通的郵筒，再加上只有當下才能買到的超限定圖案，實在可愛極了！當然除了標準的通紅郵筒外，有時也會推出限定的變色郵筒喔！不得不說日本人真的很懂消費者的心（笑）。

　　不過由於「當地明信片」與「郵筒形明信片」採用不規則造型，依據尺寸規定必須貼上¥90～¥220不等的郵資才能直接郵寄，但裝進信封裡的話國際郵資只要¥70，因此一般郵局都會請大家裝進信封裡再郵寄，而一些觀光客常光臨的郵局，甚至會用英文在明信片旁放上提醒標語，請大家務必裝進信封裡再寄。

郵局資訊

🕘 9：00～17：00（部分郵局10：00～18：00）

📮 ¥185～¥250（當地明信片）
¥185～¥216（郵筒形明信片）

🚫 週六、週日

ℹ️ 24小時的YUYU窗口（ゆうゆう窗口）提供購買郵票、郵寄、領取包裹等服務。（東京設有YUYU窗口的郵局：東京中央郵局、新宿郵局、淺草郵局、深川郵局、澀谷郵局、中野郵局、銀座郵局、品川郵局、目黑郵局、世田谷郵局、荒川郵局、神田郵局……等）

🌐 「當地明信片」
https://www.postacollect.com/gotochi/
「郵筒形明信片」
https://www.postacollect.com/category/item/post/
「部分風景印刊載」
https://www.post.japanpost.jp/kitte_hagaki/stamp/fuke/

郵筒形明信片依季節推出的四季明信片，是不是很可愛呢？

可愛的紀念郵票也值得收藏。

風景印

　　所謂的「風景印」不同於一般郵戳，除了當天的日期外，還加上了符合當地特色的圖案，而且不是每間郵局都有，因此對於明信片收藏迷而言更顯珍貴。若想擁有風景印，除了必須預先調查哪些郵局有風景印外，到了郵局還必須先在明信片上貼好郵資才能請郵局人員蓋印。**若只是想蓋印，不需要寄回國內的話，只要貼¥62的郵票即可；若想寄回國內的話，則要貼¥70以上的郵票，且記得要寫上「AIR MAIL」**喔！貼好之後郵局人員會詢問要蓋在郵票的哪裡？

（例如右下角、正下方等），蓋好之後即可寄出或收作留念。

東京各郵局美麗的「風景印」。芝郵局還推出了東京鐵塔頂端超出圓框的特殊款式。

● 實用日語教學

*切手（きって／kitte）＝郵票
*封筒（ふうとう／huutou）＝信封
*風景印（ふうけいじるし／huukeijirushi）＝風景印

（62円／70円）切手を（1枚／2枚）ください。
（請給我（1張／2張）（62／70日圓）的郵票。）
（rokujuni-en／nanaju-en）kitte o （ichimai／nimai）kudasai.

封筒を買いたいのですが。（我想買信封。）
huutou o kaitaino desuga.

風景印を押してください。（請幫我蓋風景印。）
huukeijirushi o oshite kudasai.

風景印を押して、そのまま出してください。（請幫我蓋風景印並寄出。）
huukeijirushi o oshite、sonomama dashite kudasai.

全部でいくらですか。（全部多少錢？）
zenbu de ikura desu ka?

ありがとうございます。（謝謝您。）
arigatou gozaimasu.

1

大東京，小祕密

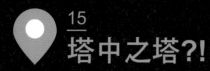

15
塔中之塔?!

雖然「晴空塔」的出現，讓東京又多了一座代表性的建築物，但在許多人心目中，「東京鐵塔」依然是東京的象徵，也是遊客必踩的景點之一。這座著名的地標是以巴黎艾菲爾鐵塔為範本，高333公尺，進入數位電視時代後，由東京晴空塔取代東京鐵塔，負責發射電視與電台的訊號，因此目前東京鐵塔是作為備援訊號發射站之用。鐵塔上方還設有瞭望台，從瞭望台上放眼望去，東京美景盡收眼底，天氣晴朗的話，還可以望見富士山呢！

很多人來到東京鐵塔只是逛一逛、拍拍照、看看夜景就離開了，但其實東京鐵塔一年四季除了會舉辦各種限定活動外，還有一個祕密景點絕對不容錯過，那就是東京鐵塔上其實還有另一座鐵塔呢！這座隱藏在城市中的「高塔」由數條公路連

這是東京鐵塔配合人氣團體「嵐」的活動所推出的1日限定「嵐」色。目前週六20：00～22：00也能看到限定2小時的七彩「鑽石面紗」

東京鐵塔於午夜12點熄燈，相傳情侶若一起看到熄燈的瞬間就能恩愛一生。入夜後更加耀眼奪目的「塔中之塔」，是難得一見的絕景。

結而成，到了夜晚在街燈的襯托下變得更加絢爛奪目。想看「塔中之塔」嗎？快去展望台尋覓它的身影吧！站在東京鐵塔內望見另一座城市鐵塔，那感動讓人無法言喻。

除此之外，要考試的人一定要來大展望台裡的「東京鐵塔大神宮」參拜，拜完這座東京最高的神社，感覺「高中」機率也會立即提升，而且據說求姻緣也很靈驗喔！此神社還推出了東京鐵塔造型的繪馬，在東京鐵塔許下心願，離天空如此接近的你，所有美夢似乎都會成真。

東京鐵塔

🚃 都營大江戶線赤羽橋站赤羽橋出口徒步約5分鐘／東京Metro日比谷線神谷町站2號出口徒步約7分鐘

🏠 東京都港区芝公園4-2-8
4 Chome-2-8 Shibakoen, Minato-ku, Tōkyō-to

☎ 03-3433-5111

🕐 9：00～23：00

🚫 全年無休

💰 （MAIN DECK）
大人¥900／中小學生¥500／4歲以上的幼童¥400
（TOP DECK TOUR）
大人¥2800／中小學生¥1800／4歲以上的幼童¥1200
（航海王主題樂園 & MAIN DECK套票）
大人¥2900／高中生¥2500／中學生¥2100／小學生¥1000／4歲以上的幼童¥900

🎡 航海王主題樂園營業時間10：00～22：00

🌐 https://www.tokyotower.co.jp/zh.html

左2 東京鐵塔大神宮限定的繪馬（各¥700）。若想「金榜題名」請選鐵塔繪馬，「求姻緣」請選心形繪馬。

右上 展望台天花板的燈飾依活動而異。在燈飾的點綴下，氣氛浪漫無比。

右下 東京鐵塔吉祥物「諾朋兄弟」的哥哥，身穿藍色工作服，頭貼OK繃，個性開朗活潑。身穿紅色工作服的弟弟，是個害羞男孩。

$\dfrac{16}{}$ 吃好料選中午?!

　　在這個一碗拉麵動輒日幣七、八百塊的時代，若想在東京吃點好料，又想省點錢，請鎖定平日的午餐時段吧！因為日本也有經濟又實惠的「商業午餐」喔！再加上平日午餐時段的顧客較少，因此能在安靜又舒適的環境下享用美食。準備好開吃了嗎？接著就來看看幾間推出超值「商業午餐」的好地方吧！

葡萄酒食堂SAKURA
（ぶどう酒食堂さくら）

　　在六本木這個高級地帶不曉得該吃什麼才好？那就來「葡萄酒食堂SAKURA」吧！為了推廣葡萄酒，葡萄酒進口公司開設了這間意大利餐廳，並陸續在同一樓層開設了葡萄酒銷售中心、法國餐廳、麵包店與甜點店。而「商業午餐」的部分除了平日以外，六日也會推出六日限定的「優惠午間套餐」，不但經常更換菜色，還能讓顧客以經濟的價格品嚐到上選食材做成的美食。

　　以某日推出的六日限定午間套餐為例，選用山梨和牛的稀少部位「ICHIBO」（牛臀肉）做成的烤牛肉蓋飯，附沙拉、飲料與甜點居然才¥1380。此部位的牛肉肉質滑嫩，但因為該部位肉量稀少，價格不便宜，所以能以這樣的價格、透過套餐的形式品嚐到珍貴的「ICHIBO」，機會實在難得。此外，若喜歡披薩的人，也別錯過此店以意大利進口手工窯烘烤的正統拿坡里披薩喔，保證美味！

葡萄酒食堂SAKURA

🚇 東京Metro日比谷線六本木站3號出口徒步約1分鐘

📍 東京都港区六本木6-1-12 21六本木ビル1F
6 Chome-1-12 Roppongi Minato-ku, Tōkyō-to

☎ 03-5786-3939

🕐 11：30～0：00（週日、日本國定假日～23：00；午餐時段11：30～15：00）

🚫 全年無休

💰 午餐時段¥1000～¥2000

📖 備有英文菜單

FB https://www.facebook.com/Wine.Sakura

稀少的牛臀肉

🔼 以稀有部位「ICHIBO」（牛臀肉）做成的蓋飯實在太美味了。

🔽 位於入口處的麵包店除了有許多美味的麵包，可麗露還會推出限定口味。

SHUTTERS

　　在東京共有7家分店的「SHUTTERS」座落於自由之丘、代官山、二子玉川這樣的時尚區域，並設置了簡潔又舒適的用餐環境，所以深受歡迎，光是在自由之丘就有2間分店呢！

　　此店最出名的就是「豬肋排」與「冰淇淋蘋果派」。其中豬肋排肉質軟嫩，一切即開，並備有醬燒、鹽味、蒜味等8種口味；現烤的蘋果派除了加上冰涼的冰淇淋，還會淋上顧客可以自選的淋醬（有藍莓、覆盆莓、焦糖等口味），香甜冰淇淋合體熱呼呼的蘋果派，讓人忍不住一口接一口。

　　若以單點為例，單單一道豬肋排就要¥2000＋稅，冰淇淋蘋果派則是¥895＋稅，光是單點這2道菜就要花上日幣3000元左右，不過換成平日的「商業午餐」就不一樣了，CP值超高！雖然此店也有1人獨享的套餐，不過**最推薦的是2人以上才能點的「¥2500超值午間套餐」**，此套餐包含沙拉、湯、招牌肋排、主廚意大利麵、自選甜點與飲料，含稅居然只要¥2500！而且自選甜點的部分可以選冰淇淋蘋果派，更重要的是蘋果派1人1份唷。實在是太豐富、太划算了！

⬆ 能透過「商業午餐」品嚐到香嫩的醬燒肋排，實在太划算了。

⬇ 套餐附的是本月主廚精選意大利麵，口味不定期更換。

現烤的冰淇淋蘋果派也是此店的招牌。

SHUTTERS

🚇 東急東橫線、東急大井町線自由之丘站南口徒步約1分鐘

🏠 東京都世田谷区奥沢5-27-15
　　5 Chome-27-15 Okusawa Setagaya-ku, Tōkyō-to

☎ 050-3373-9322

🍴（午餐時段）11：00～16：00
　　（晚餐時段）16：00～23：00
　　（週六、週日、日本國定假日）11：00～23：00

🈺 全年無休

ℹ 東京共有自由之丘、代官山、吉祥寺、港北NEW TOWN、Luz自由之丘、二子玉川、表参道7間分店

🌐 http://www.ys-int.com/index.html

蔥屋平吉

夜裡人聲鼎沸的「蔥屋平吉　澀谷宇田川町店」是大家下班後聚在一起用餐喝酒的好地方，外觀彷彿江戶長屋般的這間店，除了是一間蔥料理專賣店，也是一間網羅日本各地好酒、氣氛絕佳的居酒屋。而這間店也利用顧客較少的平日午餐時段，推出了物美價廉的「商業午餐」，想要品嚐日式餐點的人，請來澀谷的「蔥屋平吉」一趟吧！

這間店由日本知名KIWA餐飲集團經營，光是蔥屋系列在全日本就有6間分店，但氣氛卻不像連鎖餐廳那樣制式，再加上此店的蔥類料理與火鍋在日本十分出名，因此經常被美食節目採訪。

掀起迎風飄逸的門簾，穿過長長的走道，「蔥屋平吉　澀谷宇田川町店」

蔥屋平吉

🚇 東京Metro半藏門線澀谷站3a出口徒步約5分鐘／JR澀谷站東口徒步約10分鐘

🏠 東京都渋谷区宇田川町36-18
36-18 Udagawachō Shibuya-ku, Tōkyō-to

☎ 03-3780-1505

🕐 （午餐時段）11：30～14：30
（晚餐時段）平日17：30～23：00
六、日、國定假日17：00～22：30

🈺 全年無休

🌐 https://kiwa-group.co.jp/negiya_udagawa/

幽靜的環境讓人不禁懷疑自己是否真的身在熱鬧非凡的澀谷。此店的「商業午餐」選擇相當多元，有魚、有肉、也有麵，菜單每日變換，並提供味噌湯與美味的自製小菜，要吃多少拿多少（請使用公筷），價格都在日幣千圓上下，是日式午餐的好選擇。

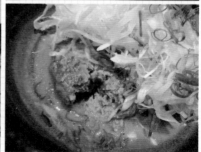

🔺 穿過長長的走道，門口就在走道的盡頭，位置相當隱密。　🔺 烏龍麵Q彈又有嚼勁，大量青蔥提升清爽感與香氣。
🔻 軟嫩多汁的漢堡排，醬汁非常入味，配上蔥絲，讓味道變得濃而不膩。

17
抹茶冰淇淋居然還分濃度?!

日本的乳製品就是好吃,尤其是冰淇淋絕對非吃不可,但你是否知道,有家冰淇淋專賣店的抹茶冰淇淋還分濃度呢?

位於青山的「NANAYA」,採用靜岡高級抹茶,做出7種濃度等級的抹茶冰淇淋,在這之中顏色最深的No. 7更號稱世界第一濃,喜愛抹茶冰淇淋的朋友絕對非奔過去不可。除了抹茶口味之外,此店也備有烘焙茶、紅茶等其他口味可選購唷,快來嚐嚐!

世界第一濃

一看顏色即可看出抹茶濃度最濃與最淡之分別。咖啡色為烘焙茶口味。(若包含濃度最濃的抹茶口味,3球¥700,未包含則為¥500)

> **NANAYA**
> 🚇 JR各線、東京Metro各線澀谷站東口徒步約8分鐘
> 🏠 東京都渋谷区渋谷2-7-12 1F
>   1F, 2 Chome-7-12 Shibuya, Shibuya-ku, Tōkyō-to
> ☎ 03-6427-9008
> 🕐 11:00～19:00
> 🚫 週二(如遇國定假日,則照常營業)
> 🌐 http://nanaya-matcha.com

抹茶濃度從1到7,快來嚐嚐號稱世界第一濃的抹茶冰淇淋吧!

冰淇淋專賣店「NANAYA」位於青山學院大學旁的巷內,抹茶迷非來不可。

18 池袋是貓頭鷹之城?!

一出JR池袋站東口,目光幾乎都會被那貓頭鷹造型的派出所給吸引,不僅如此,在池袋車站裡面、知名的鬼子母神社等處,也能發現貓頭鷹的身影,甚至連池袋郵局前的郵筒都變成了貓頭鷹!原因是「池袋」(IKEBUKURO)的「袋」字與「貓頭鷹」(FUKURO)的日文發音相似,因此貓頭鷹就成了池袋的吉祥物與守護神,而許多商家也藉此跟著推出貓頭鷹蛋糕、貓頭鷹餅乾等商品,讓池袋成為名符其實的貓頭鷹之城。

左 池袋西口的貓頭鷹「EN-CHAN」,據說摸摸那愛心就能獲得好運。

右 池袋站前郵局的郵筒漆成了黃色貓頭鷹造型,並放上一對可愛的耳朵。

位於池袋站東口的貓頭鷹派出所,可說是池袋的重要地標。

象徵澀谷的八公背後有段感人的故事?!

　　許多人來澀谷遊玩，都會相約在澀谷站前的八公像碰面，這座八公像也成為觀光客爭相拍照的景點，但大家是否知道這座銅像背後的感人故事呢？

　　以左耳下垂為特徵的小八是一隻秋田犬，主人是東京大學農學部的教授上野英三郎先生。每天都會送上野教授出門上班的小八，每到傍晚時分，就會到澀谷站去接教授下班，直到教授因病去世後，小八依然每天獨自到澀谷站去等候主人，就這樣等了10年。一開始車站員工與居民對小八並不友善，直到這段故事被刊登在報紙上後，大家才了解到小八的忠心耿耿，並在車站前立了八公像紀念牠。

立在澀谷站八公口的八公像，現已成為澀谷的象徵之一。

澀谷站前川流不息的十字路口與109百貨也是澀谷的城市印象，此路口更擁有「世界最繁忙的十字路口」之稱。

20
這裡曾是廣告商的最愛?!

　　「錢湯」（大眾澡堂）自古以來除了是當地民眾生活的一部分，也是廣告商的最愛，在以前那個沒有電視或是電視並不普及的年代，人潮聚集的錢湯當然也成為廣告商鎖定的目標，所以時至今日，依然可見浴池上方或是更衣室四周張貼著各式各樣的廣告。

　　還記得《羅馬浴場》（テルマエ・ロマエ）中，阿部寬先生手中拿的那個黃色小臉盆嗎？盆底印的「KERORIN」（ケロリン）就是一間頭痛藥公司，厲害吧！打廣告打到臉盆上去了。而這個黃色臉盆究竟為什麼會成為錢湯的象徵呢？那是因為當年正值東京奧運即將舉行，考慮到錢湯的衛生面與臉盆的耐用性，於是慢慢將木盆換成了塑膠盆，當時的廣告公司看準這個商機，提出「何不在上面印上廣告？」的建議，可愛的黃色小臉盆就此誕生，因此看到這個臉盆，不少日本人都會驚呼：「好懷念啊！」

🔺 除了浴池之外，更衣室的各個角落也貼著各式各樣的廣告。

🔻 「KERORIN」黃色小臉盆是錢湯的象徵之一。

🔻 黃色小臉盆紅到甚至推出手機吊飾（￥500＋税；出自神保町ICHINOICHI）。

日本人的泡澡文化歷史悠久，身為愛泡湯的民族，錢湯也成為廣告商鎖定的目標。

四季之美樂遊遊

春天賞櫻踏青、夏天納涼看煙火、秋天腳踏黃金大道,冬天則在浪漫花燈相伴下,度過溫馨又美好的冬夜。四季分明的東京,季季都有不同的玩法,看完這篇就能一手掌握,什麼樣的季節在東京該玩什麼。

01 春季賞櫻踏青去

新宿御苑

春神來了，來去東京最知名的賞花景點賞櫻吧！百年前曾是皇家庭園的「新宿御苑」，園內除了有日式傳統庭園造景，還有英式與法式庭園，備有廣大的綠地，自開放以來作為公園之用，四季都能看到不同的景色，並以春櫻與秋楓著稱，櫻花品種高達75種，距離JR新宿站走路約10分鐘，是東京賞櫻的第一選擇。

雖然一年四季都能看到不同的美景，但賞櫻顯然是新宿御苑的重頭戲，每到春季1千多株櫻花陸續盛開，一片粉紅色與白色交織而成的花海，每年都吸引大量人潮來此觀賞。進入新宿御苑，必須預先購票，大木戶門、新宿門、千駄谷門這3個入口都能購票，入口處

新宿御苑

🚋 JR總武線千駄谷站徒步約5分鐘／東京Metro丸之內線新宿御苑站1號出口徒步約5分鐘

🏠 東京都新宿区内藤町11
11 Naitomachi, Shinjuku,Tōkyō-to

☎ 03-3350-0151

🕐 9：00～16：30
（最後入場時間16：00）

❌ 週一

🎫 成人¥200／中小學生¥50／幼童免費

🌐 http://fng.or.jp/shinjuku/

⬆ 新宿御苑的環保入園券，出園時必須歸還。
⬇ 許多人都熱愛以NTT DoCoMo代代木大樓作為背景，拍下櫻花美景。

誰説櫻花只有粉紅色
才美,白色櫻花也一樣迷人。

設有檢查站,**不可攜帶酒精性飲料入**
內,出園時必須將入園券歸還。

園內可愛的日本木瓜花,嬌媚的姿態不輸櫻花。

　　難得來東京賞櫻,不如準備好野餐墊與餐點,
和日本人一起坐在樹下接受櫻花的洗禮吧!由於
此處占地寬廣,因此就算人潮眾多,也不會感到
過於擁擠。除了櫻花以外,園內的日本木瓜花與
山茶花也會在同一時期綻放,賞櫻的同時,不妨仔
細注意一下喔!

大家在櫻花樹下,賞花的賞花、野餐的野
餐,享受美好的春日時光。

柴又老街、水元公園

必吃！

想在賞櫻之餘多安排一項景點的話，不妨先前往洋溢著老街氣息的「柴又」，在老街悠閒漫步，參觀一下寅次郎紀念館、買買出名的高木屋艾草丸子，到了中午，再去享用柴又必吃的美味鰻魚飯，飽餐一頓後，再搭車到金町站轉乘巴士，造訪東京都內唯一擁有水鄉景觀的賞櫻名所「水元公園」。

「柴又」這個地方因喜劇電影《男人真命苦》（男はつらいよ）出名，是劇中主角寅次郎的故鄉，因此一出車站即可看到寅次郎的雕像，一旁還站著擔任導遊的假「寅次郎」為訪

柴又站出口的寅次郎像與扮成寅次郎的導遊。

🔼 來柴又一定要吃鰻魚飯。川千家從早上11點開到晚間7點，鰻魚飯分成松、竹、梅3種等級（梅¥3100）。

🔘 熱鬧的帝釋天參道商店街，兩旁也有美麗的櫻花。

🔽 在櫻花樹前拍它個千張萬張是必須的。

客指引方向。這條老街並不長，古色古香很有味道，雖然偏離市中心，但若從上野車站出發，搭乘電車只要30分鐘即可抵達。

而「水元公園」雖然對一般觀光客而言較為陌生，但這裡卻有條長達3公里的櫻花大道，每當櫻花盛開之時，一排又一排看不到盡頭的粉色花海，美到讓幸福指數直接破表，無論是步行在人行道的行人也好、行駛在車道上的車子也好，穿過這條左右由櫻花樹交織而成的長長隧道，彷彿就像闖入人間仙境一樣，更別提那風一吹來滿天飛舞的櫻花雪了，簡直就是漫畫裡才會出現的場景。

水元公園

🚉 (1) 京成金町線京成金町站下車後，於金町南口轉搭水元公園循環巴士，在水元大橋噴水廣場站下車，徒步約1分鐘（只在週六、週日、日本國定假日行駛）

(2) JR常盤線金町站下車後，於金町北口轉搭京成巴士（往戶崎操車場或西水元三丁目方向），在水元公園下車，徒步約7分鐘。

🏠 東京都葛飾区水元公園3-2
3-2 Mizumotokōen Katsushika-ku, Tōkyō-to

☎ 03-3607-8321

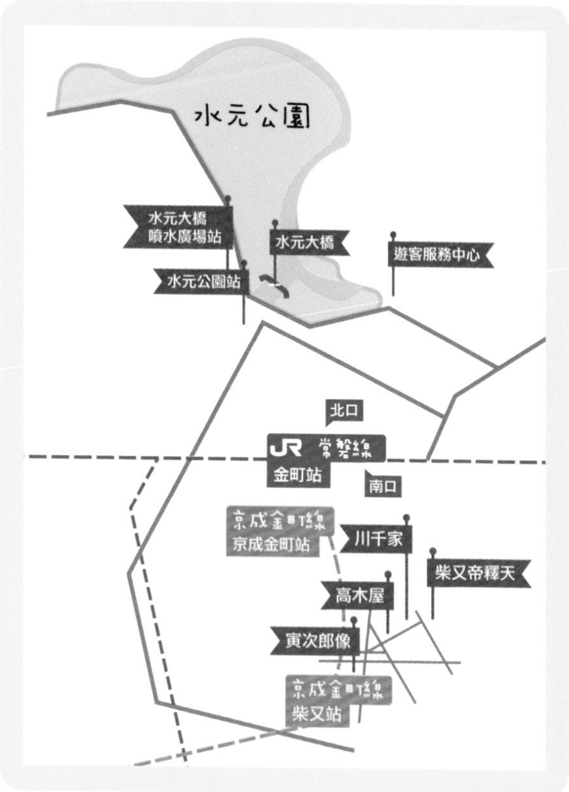

水元公園一整排的櫻花樹，看起來十分壯觀。

千鳥淵

　　從九段下站走路只要幾分鐘，即可抵達東京數一數二的賞櫻名所「千鳥淵」，這裡有條河道是皇居的護城河，護城河兩旁種滿櫻花樹，每到春季櫻花盛開之時，沿著河道綻放的花朵，呈現出互相交錯的層次之美。

　　來千鳥淵賞櫻有點不一樣的地方，是櫻花盛開期間，整條千鳥淵綠道會舉辦夜櫻點燈活動，而且這個活動還非常環保，用的是透過太陽能發電的LED燈。通常點燈活動會從傍晚持續到晚間10點，因此即使是平日，也會有許多下了班的上班族一起相約來此地賞櫻。

千鳥淵

- 東京Metro九段下站2號出口徒步約5分鐘
- 東京都千代田区九段南2-2-11
  2 Chome-2-11 Kudanminami,
  Chiyoda-ku, Tōkyō-to
- 03-3556-0391
- （夜櫻點燈）日落～22：00
  （舉辦時期視開花狀況而定）
- 免費
- http://www.kanko-chiyoda.jp

從九段下站2號出口出來順著馬路直走，即可看到櫻花在護城河兩旁盛開的景象。

粉紅色的花瓣掉落河面，變成了粉紅色的浪漫之河。

　　除了賞櫻之外，千鳥淵還有一個大特色，那就是千鳥淵的小船場。因為有夜櫻活動的關係，所以小船場在櫻花季期間甚至還開放到晚間8點半左右，能在兩岸皆有櫻花相伴的河裡划著小船，是多麼浪漫的事啊！當櫻花紛飛，花瓣散落河面之時，整條河會被染成一片粉紅，在粉紅河流中飄來蕩去，肯定讓人永生難忘。

千鳥淵小船場

🚇 東京Metro九段下站2號出口徒步約10鐘／東京Metro半藏門站5號出口徒步約10分鐘

🏠 東京都千代田区三番町2先
　　2 Sanbanchō Chiyoda-ku, Tōkyō-to

☎ 03-3234-1948

🕐 11：00～17：30（依時期而異）

🚫 週一（櫻花季期間無休）

💰 30分鐘¥500（賞櫻期30分鐘¥800）

ℹ️ 櫻花季人潮眾多，排隊時間有可能超過1小時以上

🌐 https://visit-chiyoda.tokyo

🔼 千鳥淵綠道小船場。小船飄蕩的景象是千鳥淵的象徵。

🔽 每到櫻花季期間，小船場就會將營業時間延長到夜晚。

目黑川

　　中目黑一帶，在日劇《離婚萬歲》（最高の離婚）播出之後人氣再度攀升。故事中的主角住在這裡，此劇超過一半的場景都是在此取景，許多人看了這部戲之後，都愛上這裡鬧中取靜的悠閒氛圍。而目黑川的夜櫻則被譽為「東京最美七大夜櫻」之一，櫻花樹沿著目黑川兩旁而立，一共有800多棵櫻花樹，兩側櫻花向內交錯，變成一條粉紅色的夢幻隧道。到了夜晚，沿岸設置的燈光亮起，在溫暖光線的襯托下，氣氛變得格外浪漫。再加上目黑川兩旁店家林立，時尚的服飾店或餐廳也會擺出各式各樣的攤位，各種小吃、美酒盡在眼前，為賞櫻之行更添幾分樂趣。

目黑川

🚉 東急東橫線、東京Metro日比谷線中目黑站徒步約1分鐘	☎ 03-3770-3665
📍 東京都目黑區皂樹橋至南部橋兩岸	🕐 （夜櫻點燈）～20：00
	🌐 https://www.nakamegu.com

到了夜晚，兩旁的粉紅色吊燈就會亮起，發出柔和的溫暖光芒。

左 長長的目黑川，有無數條小橋橫跨兩岸，沿途種滿美麗的櫻花樹。

右 在燈光的陪襯下，整條櫻花道顯得浪漫萬分。

江戶深川和船

　　日本人對於傳統文化的傳承一向不遺餘力，為了保留逐漸流失的和船船隻與操船技術，在江東區居民的努力號召下，一群具有操船經驗的人匯聚一堂，成立了義工團體，為傳統貢獻己力。每年一到春天，深川最熱鬧的櫻花祭就會登場，這段期間，可以乘坐在有如葉子般的細長和船上欣賞岸邊美景，即使身在東京這個繁華城市，一旦坐上深川和船，彷彿就像乘上時光機回到過去一樣，能讓人體驗到截然不同的賞櫻之趣。

　　為了文化傳承，工作人員也會利用等船的空檔，一一解說各種和船的差異。補魚用的是網船，運貨用的是荷足船、傳馬船，而船頭有如豬牙般尖銳的則是豬牙船，船速相當快。時下穿越劇當道，大家是否也該來穿越一下呢？

江戶深川和船

- 都營大江戶線、東京Metro東西線門前仲町站4號出口徒步約2分鐘
- 東京都江東區門前仲町1-1-1
  1 Chome-1-1 Monzennakachō Kōtō-ku, Tōkyō-to
- 03-5858-6877
- 9：30～14：30
- ¥500（含紀念品）
- 乘船時間約20分鐘；未滿3歲不得乘船
- http://www.koto-kanko.jp/event/detail.php?eid=530

乘船附贈的紀念品，描繪著櫻花盛開時的深川風光。

別看這船細細長長，划起來好像很輕鬆，其實船身很重不好划呢！
行駛在深川中的細長和船，像極了落在水面的葉子。

02 入夏百花齊綻放

4月底～6月初春夏交替之際，東京各地陸續開出萬紫千紅的美麗花朵，在這之中最具代表性的要屬「紫藤」、「玫瑰」與「繡球花」了，接下來就讓我們一起瞧瞧有哪些賞花景點。

龜戶天神社賞紫藤

仿造九州太宰府天滿宮建造而成的「龜戶天神社」，又被稱作「東宰府天滿宮」，祭祀的是有學問之神之稱的菅原道真，是祈求學業進步、金榜題名的聖地。從龜戶站前往龜戶天神社，需步行一小段路程，這裡雖然屬於東京，但一出站便能感受到有別於大都市的老街氛圍，彷彿時光也跟著慢了下來。

櫻花一落，紫藤花立即來報到，4月底5月初、每到紫藤花盛開之時，龜戶天神社就會舉辦紫藤花祭，這裡的紫藤花不但是東京都內欣賞紫藤花的首選，也被列為「新東京百景」。有如紫葡萄一串一串從架上垂落的紫藤花，優雅的姿態

龜戶天神社

🚇 JR總武線龜戶站徒步約10分鐘／JR總武線、東京Metro半藏門線錦糸町站北口徒步約10分鐘

🏢 東京都江東區龜戶3-6-1
3 Chome-6-1 Kameido Kōtō-ku, Tōkyō-to

☎ 03-3681-0010

🕐 9：00～17：00

🈺 全年無休

🌐 http://kameidotenjin.or.jp

⬆ 紅色的太鼓橋（男橋）造型優美，是取景留念的好地方。

⬇ 越過一座又一座的橋，最後走過太鼓橋（女橋），即可抵達正殿。

讓人忍不住伸長雙手，拚命想要拍下最美的瞬間。

此外，穿過龜戶天神社的鳥居後，會陸續看到的心字池與3座橋，也很有意思。池與橋比喻人的一生，立即映入眼簾的大鼓橋（男橋）代表過去，而後穿越的平橋代表當下，最後來到的太鼓橋（女橋）則象徵充滿希望的未來，也就是所謂的「三世一念」。

船橋屋

龜戶天神社入口處附近，有間創業至今已200多年的超級老店「船橋屋」，相傳文豪芥川龍之介愛吃這裡的葛餅。這裡的葛餅與一般的不同，是透過乳酸菌讓麵粉裡的澱粉發酵，花15個月的時間充分熟成後才完成。花了450天製作，保存期限居然只有短短2天，實在太珍貴了！與現代精緻的甜點相比，此葛餅也許顯得樸實，卻能透過舌尖領著我們回到江戶時期，品嚐傳統好滋味。

船橋屋
- 🚇 JR總武線龜戶站徒步約10分鐘／JR總武線、東京Metro半藏門線錦糸町站北口徒步約10分鐘
- 🏠 東京都江東區龜戶3-2-14
  3 Chome-2-14 Kameido Kōtō-ku, Tōkyō-to
- ☎ 03-3681-2784
- 🕐 9：00～17：00（商品販售～18：00）
- 🚫 全年無休　💴 葛餅¥630　🌐 http://www.funabashiya.co.jp

知名的葛餅撒滿香噴噴的黃豆粉，並淋上沖繩黑糖製成的獨創黑糖蜜，以分量來說建議2人合點1份即可。

⬆ 有如葡萄般一串串垂掛在架上的美麗紫藤花。
⬇ 龜戶天神社的繪馬也加入了代表性的紫藤花圖案。

超過2百年歷史的船橋屋，保留了江戶傳統風味。

芝公園賞玫瑰

　　邁入5月，輪到玫瑰花報到，五顏六色爭奇鬥豔。說到東京的玫瑰園，「芝公園」絕對是首選中的首選。前往芝公園交通相當便利，園內的玫瑰花色與品種也相當多元，雖然位於市中心，但卻一點也不擁擠，能更悠閒自在地欣賞嬌媚的玫瑰花。除此之外，因為東京鐵塔就在附近，拍照時還能以象徵東京的東京鐵塔作為背景，如果還有時間，也可以接著造訪芝公園旁的「增上寺」，補捉增上寺與東京鐵塔的完美結合。

從芝公園站步行只要1分鐘左右，即可看到東京鐵塔與盛開玫瑰的合體美景。五顏六色的花朵爭奇鬥豔，但這還只是一部分，往後走會發現更多不同的顏色與品種。

芝公園

🚇 都營三田線芝公園站A4出口步行約3分鐘

📍 東京都港区芝公園4-8-4
　　4 Chome-8-4 Shibakoen, Minato-ku, Tōkyō-to

☎ 080-9811-1659

🌐 http://shiba-italia-park.jp/shiba/

世田谷線賞繡球花

從5月邁入6月，東京即將迎接梅雨季的來臨，可別因為陰雨綿綿正好眠就躲在家裡不出門，因為這個時候正是繡球花開的季節呢！此時東京各地會開始販售水槍、充氣球等夏天的遊具，以及可愛的雨具，添購完喜愛的雨具後，就讓我們在細雨中感受繡球花特有的魅力吧！

繡球花在日本叫作紫陽花，走在東京的大街小巷，會發現四處都種著一大片一大片的繡球花，成為入夏時節的特殊景象。除了可以一遊每年都舉辦繡球花祭的白山神社（位於東京文京區）外，建議還可走訪世田谷線沿線，尤其進入6月之後，鐵道沿線開滿繡球花，形成不可多得的美景。

※搭乘東急世田谷線的方式，請參考此書第七單元的相關介紹（P224）。

沿線四處可見豔麗的繡球花，宣告梅雨季的來臨。

左上 東急世田谷線為紀念玉電110周年而限期推出的招財貓列車。
右下 此時期的東京街頭，隨處可見不同品種的迷人繡球花。

盛夏納涼看煙花

夏天來日本一定要做的事，就是看煙火、看煙火，除了看煙火還是看煙火（笑）。欣賞燦爛的煙火是日本特有的夏夜風情畫，在炎熱的夏天裡，穿上日本特有的浴衣、拿著團扇，在河堤邊吃著美食、喝著小酒，與親朋好友們一同觀賞煙火，已成了日本人每年的傳統，即便我們是外來旅客，也絕不能錯過這一年一度的盛會。

東京的煙火大會最早從7月開始登場，集中在7、8月份舉行，一直延續到10月才會結束，精采絕倫的煙花盛會輪番上陣，不怕你不看，只怕你看不完。

每場煙火幾乎都設有主題，那臨場的震撼，看過一次絕對令人永生難忘，而且大部分的煙火大會都在河堤邊舉行，空中的煙火加上映照在水面的倒影，形成夜空下最令人感動的一幅畫。

若有意將煙火大會排入行程，最好能一大早帶著野餐墊到會場卡位，千萬別以為會場如此寬敞，總能為自己擠出一席之地。由於每場大會都是一年一度的盛事，所以在地人幾乎都會早早卡位，因此建議最好能提早做好準備！接著只要在傍晚前備好美食、美酒，懷著期待的心情再前往會場即可。

上 江戶川煙火大會會場，放眼望去人山人海。江戶川的兩岸皆是觀賞煙火的會場。
下 足立煙火大會會場。東京的煙火大會通常都設有攤販，不過必須做好排隊的心理準備。

※⊕ 參考例年舉辦時間所做的整理

足立煙火大會（足立の花火）

⊕ 7月底

⊕ 荒川河岸

⊗ 東京Metro千代田線、日比谷線北千住站4號出口徒步約20分鐘／JR常磐線北千住站西口徒步約20分鐘／東武伊勢崎線與日光線五反野站、小菅站、梅島站徒步約20分鐘

⊕ https://sp.jorudan.co.jp/hanabi/spot_87245.html

隅田川煙火大會（隅田川花火大会）

⊕ 7月底

⊕ 櫻橋～言問橋、駒形橋～廄橋

⊗ 東武伊勢崎線東京晴空塔站、淺草站／都營淺草線本所吾妻橋站、淺草站、藏前站、淺草橋站／東京Metro銀座線淺草站／都營大江戶線兩國站、藏前站／東京Metro半藏門線押上站／JR總武線淺草橋站、兩國站

⊕ https://www.sumidagawa-hanabi.com

葛飾納涼煙火大會（葛飾納涼花火大会）

⊕ 7月底

⊕ 柴又棒球場

⊗ 京成金町線柴又站徒步約10分鐘

⊕ http://www.city.katsushika.lg.jp

江戶川煙火大會（江戶川区花火大会）

⊕ 8月初

⊕ 江戶川河堤邊

⊗ JR總武線小岩站徒步約25分鐘／都營新宿線篠崎站徒步約15分鐘

⊕ http://www.city.edogawa.tokyo.jp/hanabi/

神宮外苑煙火大會（神宮外苑花火大会）

⊕ 8月中

⊕ 明治神宮外苑內

⊗ JR總武線信濃町站徒步約5分鐘／東京Metro外苑前站、青山一丁目站徒步約5分鐘

⊕ http://www.jinguhanabi.com

世田谷區多摩川煙火大會（世田谷区たまがわ花火大会）

⊕ 8月底（2018年於10月中舉）

⊕ 多摩川河堤邊

⊗ 東急田園都市線、大井町線二子玉川站徒步約12分鐘

⊕ http://www.tamagawa-hanabi.com

調布市煙火大會（映画のまち調布花火）

⊕ 10月底

⊕ 稻田公園河堤

⊗ 京王相模原線京王多摩川站徒步約10分鐘

⊕ http://hanabi.csa.gr.jp

東京煙火大會的煙火，絕對是一場藝術饗宴，看過之後肯定永生難忘。

銀座浴衣節

　　除了煙火大會之外，暑假期間東京各地也會舉辦五花八門的納涼活動，「銀座浴衣節」（ゆかたで銀ぶら）就是其中之一。為傳承日本傳統文化、鼓勵民眾穿浴衣，商店街的各個商家出錢出力，只要在活動期間身穿浴衣來到這裡，就能獲得多項優惠，並可參加抽獎活動，最棒的是，活動對象不分國籍，所以身為外國人的我們也能參加唷！

　　活動場所位於銀座通，整條街會封街，只開放行人進出，沿路設有古色古香的紅色納涼座席與藝術冰雕，讓人即使置身炎熱的熱天也能感受到一股涼意。除此之外，浴衣節還備有多項體驗活動，例如製作風鈴、和太鼓演奏會、大銀座抽獎大會等，抽獎大會的獎品非常豐富，我自己也曾中過味噌豬排店的餐券呢！

銀座浴衣節

🚇 東京Metro銀座線、丸之內線、日比谷線銀座站A1～14出口直達／東京Metro有樂町線銀座一丁目站7～9號出口直達

🏠 東京都銀座中央通1丁目～8丁目

📅 7月底、8月初

🌐 http://yukata.ginza.jp

📷 https://www.instagram.com/yukatadeginbura/

📘 https://www.facebook.com/yukatadeginbura/

大銀座抽獎大會中的禮券價值日幣5千圓，真是大手筆，瞬間覺得自己變土豪。日後讓我享用了一頓豐富的味噌豬排大餐。

認真打著太鼓的孩子們。文化傳承從小開始。

銀座鹿乃子

🚇 東京Metro銀座線、丸之內線、日比谷線銀座站A1出口徒步約2分鐘

🏠 東京都中央区銀座5-7-19
5 Chome-7-19 Ginza Chūō-ku, Tōkyō-to

📞 03-3572-0013

🕐 ※2樓餐廳
（週一～五、週日）11：30～19：00
（週六、日本國定假日前一天）11：30～20：00

🚫 元旦

🌐 http://kanoko.la.coocan.jp

銀座
必吃

（左）日式蜜豆甜點（¥1330）
（右）宇治金時刨冰（¥1380）

四季之美樂遊遊

　　沒有浴衣怎麼辦呢？沒關係！包括銀座在內，東京很多店家都有提供日式浴衣的出租服務，再加上穿浴衣其實比穿和服要簡單許多，喜歡自己動手的人，日本多家服飾品牌也會推出價格便宜、質感卻一點都不差的浴衣組，大家不妨體驗看看。擔心看了示範影片或說明書依然不懂腰帶該怎麼繫？沒關係！只要選擇連蝴蝶結都幫忙打好的腰帶，最後往後一夾即可，不過千萬要切記，無論浴衣或和服，**衣領一定要右下左上喔**！反過來就會變成壽衣的穿法，因此千萬不能搞錯啊！

（左）整條路上都放置了清涼的藝術冰雕，既賞心悅目又消暑。

（右）沿路都設有大紅色的納涼座席供遊客自由使用，真是貼心。

04
秋季賞楓踏銀杏

神宮外苑銀杏祭

　　秋天到東京只能賞楓嗎？當然不是啦！東京除了有美麗的楓葉外，還有每到秋天就會搖身一變、換上金黃色衣裳的銀杏可賞唷！而且日本的銀杏樹通常也和櫻花樹一樣，一種就是一整排，整齊劃一的壯闊景象，讓秋天更顯詩情畫意，因此欣賞銀杏也成了秋天的一大盛事。

　　提到東京最有名的銀杏大道，第一個一定會先聯想到「神宮外苑」。每年11月底、12月初，「明治神宮外苑」都會舉辦「神宮外苑銀杏祭」，此活動甚至比賞楓還要熱門。這條長約300公尺的銀杏大道，共有1百多棵高大的銀杏樹，左右各有2排，每到秋天葉子就會由綠轉黃，形成一條壯觀的黃金大道。

🔺 變成金黃色之前的銀杏大道，綠油油的景象也很美麗。

🔻 這段期間很多人會來這裡寫生，補捉金黃色的夢幻美景。透過不同人的角度，可以看到不同的秋日美景。

神宮外苑的銀杏大道，是東京最具象徵性的景點之一。

64

　　舉辦銀杏祭期間，除了左右兩條人行步道之外，中間的馬路也會封路，禁止車輛進入，因此大家可以盡情在大馬路上漫步，拍照拍到心滿意足為止。活動期間噴水池一帶也設有攤販區，以美食為主的攤販不但炒熱了祭典的氣氛，還能讓人一飽口福。

神宮外苑

交 東京Metro銀座線外苑前站4a出口步行約5分鐘／東京
Metro、都營大江戶線青山一丁目站3號出口步行約5分鐘

址 東京都港区北青山2-1
2 Chome-1 Kitaaoyama, Minato-ku, Tōkyō-to

電 03-5155-5658

時 （銀杏祭）10：00～17：30

價 免費入場

網 http://www.jingugaien-ichomatsuri.jp

上 快與好友一同漫步在夢幻的黃金大道，一起奔向金黃色的美麗人生吧！
中 在米餅上塗上醬汁的秋田特產「五平餅」。
下 位於噴水池一帶的攤販區，販售多元化的美食。

小石川後樂園

喜歡賞楓的朋友，請別錯過在東京都內被譽為五大賞楓名所之一的「小石川後樂園」（「新宿御苑」也是其一）。此園建於江戶初期，與「六義園」齊名為江戶兩大名園，內有小橋流水、庭園造景，擁有都市中難得一見的庭園美景，每年秋天都吸引大批民眾前來賞楓。由於此園與素有小法國之稱的神樂坂較近，因此很適合將這2個景點安排在一起同遊。

小石川後樂園

- 交 都營大江戶線飯田橋站C3出口徒步約3分鐘／JR總武線、東京Metro東西線、有樂町線、南比線飯田橋站東口徒步約8分鐘／東京Metro丸之內線、南北線後樂園站後樂園口徒步約8分鐘
- 址 東京都文京区後楽1-6-6
  1 Chome-6-6 Kōraku Bunkyō-ku, Tōkyō-to
- 電 03-3811-3015
- 營 9：00～17：00
- 休 跨年期間、盂蘭盆節、暑假、寒假等長假期間公休
- 費 大人¥300／65歲以上¥150／小學生以下免費
- 網 http://www.tokyo-park.or.jp

左上 色彩漸層的楓葉映照在水面，美得像幅畫一樣。　右上 五顏六色的楓葉落在地面，化為一條秋天限定的七彩之路。
下 「小石川後樂園」內通紅的楓葉。庭園造景在都市中更顯難能可貴。

增上寺

　　如果喜歡爬山、健行又不嫌路途遙遠的話，知名的賞楓景點「高尾山」無疑是最佳選擇，而若是不想跟人擠，位於市中心的「增上寺」其實也是個私房賞楓景點喔！來到此寺，可一舉拍下古色古香的寺廟建築、象徵東京的東京鐵塔與楓紅構成的絕景，一舉數得何樂而不為啊！在環境清幽的增上寺，少了擁擠的人潮，交通又便利，想靜靜欣賞秋楓的人快來這裡吧！

高尾山

> **增上寺**
> 🚇 都營三田線御成門站A1出口、芝公園站A4出口徒步約3分鐘／都營淺草線、大江戶線大門站A6出口徒步約5分鐘
> 🏠 東京都港区芝公園4-7-35
> 　　4 Chome-7-35 Shibakoen, Minato-ku, Tōkyō-to
> ☎ 03-3432-1431
> 🌐 http://www.zojoji.or.jp

右上 位置偏遠的「高尾山」也是賞楓名所，時間充裕的話也可安排一趟健行登山之旅（交通方式請參考第五單元登山體驗P122）。

右下 入口處兩旁橘成一片，飄散著濃濃的秋意。

下 來到位於芝公園旁的增上寺，能拍下以東京鐵塔為背景的美景。

增上寺

四季之美樂遊遊

05

寒冬浪漫花燈夜

過了12月邁入冬天之後，東京街頭就會配合冬天的氣氛，裝上浪漫又柔美的各色燈飾，每當夜幕拉起，整座城市在燈光的裝點下變成一座浪漫之城，即使天寒地凍，也讓人能鼓足勇氣踏出門外，只為感受這股冬夜特有的溫馨氛圍。

若計畫在冬天來東京旅遊，首先要注意的是今年東京有哪些地方會舉辦冬季特別活動。除了各個重要地標、百貨公司會為聖誕節布置美輪美奐的聖誕樹外，各地也會推出獨具特色的點燈活動。像是「六本木MIDTOWN」每年都會利用廣大的草坪推出點燈活動，而且活動一年比一年盛大。購物聖地「原宿表參道」也會亮起幾十萬顆LED燈，讓整條時尚的精品街變得金光閃閃、絢爛奪目。善於運用燈光效果的「汐留Caretta」，每年都會設定不同的主題，搭配建築物的牆面，上演一場精采絕倫的冬日劇場。一場又一場冬季限定的藝術饗宴，每年不停地在更新、不停地為大家帶來驚奇，所以即使冬天很快就天黑，卻讓人滿心期待迎接冬夜的來臨。

東京巨蛋城

「東京巨蛋城」冬季推出的燈海樂園相當出名，巨大的海盜船在夜裡揚帆出航。

六本木
MIDTOWN

汐留
Caretta

⬆ 「六本木MIDTOWN」每年都會利用大草坪為聖誕節推出盛大的點燈活動，整座公園也會變成一整片燦爛的燈海。

⬇ 「汐留Caretta」善於利用聲光效果打造光與影的冬季饗宴。

左 從中目黑移到澀谷的「青之洞窟」，就位在NHK電視台旁。
右 「東京晴空塔」特別利用所有吉祥物打造出可愛的聖誕樹。

以為這樣冬天的重點就畫完了嗎？當然還沒有，一年四季最後迎來的冬天還有一個超級大重點，那就是「日本折扣季」啦！日本主要有夏季、冬季這2個折扣季，冬天大約會從12月初開始打折，然後持續到隔年2月，愛去東京補貨的人，請在1月這個黃金折扣月畫上大大的星號吧！（夏季折扣季約從6月底開始起跑，一直持續到7月。）

聖誕節前夕四處可見扮成聖誕老公公的宣傳人員，不過LoFt的聖誕老公公有點不一樣，換上了代表LoFt的黃色聖誕裝。各個卡通人物也紛紛換上聖誕裝吸引顧客。

06
時節活動

重視傳統文化的日本，一年中有許許多多的節慶活動，接下來要介紹2個大家可以一同參與的節慶，若大家剛好抓住時機，請務必保握良機，體驗日本節日的魅力吧！

節分

所謂的節分是指立春、立夏、立秋、立冬的前一天，而日本的節分通常指的是立春的前一天，因此每到2月初，各地都會舉辦「撒豆子、吃惠方卷」的活動。惠方卷是一種包著7種食材的壽司，象徵「七福神」，「惠方」指的是吉位。每年吉位都不一樣，據說只要在節分之日朝著當年公布的吉位吃下惠方卷，就能吞下福氣、消災解難。撒豆活動則是為了驅趕魔鬼，必須使用烘烤過的豆子，邊喊著「鬼向外（ONI WA SOTO），福向內（FUKU WA UCHI）」，邊將豆子由屋內撒向屋外，撒完後吃下與虛歲相同數量的豆子，就能保佑不感冒。各個寺廟也會舉辦撒豆儀式來祈求安康，參與活動的人都會拿出看家本領，無所不用其極瘋狂搶豆。

⬆ 節分將至之際，各大超市都會推出節分組合，還有可愛的赤鬼或藍鬼面具可免費拿呢！

⬇ 吃惠方卷時不能說話，據說若能面帶笑容朝著惠方靜靜吃完一條（惠方卷不可以切），途中不受打擾，一整年都會有好運唷！

鳥越神社舉辦的撒豆活動。大家都拿出自己的搶豆法寶，連髒衣籃都上場了。

兒童節

　　國曆5月5日是日本的「兒童節」，也稱為男兒節。這一天裡家裡若有男孩，就會在門前懸掛鯉魚旗，祈求男孩健康成長，而日本各地、尤其是商店街，也會懸掛五顏六色的鯉魚旗，一片魚海隨風飄揚的景象十分壯觀。若是這一天來到東京，除了可前往「六本木MIDTOWN」的花園參加穿越巨型鯉魚旗的活動外，也可以造訪東京各地的大眾澡堂，就像華人為了驅邪避凶，會在端午掛艾草、菖蒲一樣，愛泡澡的日本人也在這天延伸出泡「菖蒲浴」的習俗，因此在這天去大眾澡堂泡湯的話，大部分的澡堂都會準備菖蒲浴唷！據說能去除邪氣、保佑安康。

合作店家會貼上「菖蒲浴」的海報，邀請大家在兒童節來澡堂泡健康浴。

Ⓤ 商店街的鯉魚海相當壯觀。家裡若有男孩，也會在門口懸掛鯉魚旗。

Ⓓ 穿越鯉魚旗不但是一個很特別的經驗，鯉魚肚裡的世界看起來也很夢幻。

「六本木MIDTOWN」連續好幾年都在花園廣場舉辦穿越鯉魚旗的活動。

3

東京美食大集合

拉麵、握壽司、壽喜燒、關東煮……，東京的美食實
在太多太多啦！除了正餐之外，甜點當然也不能錯過。聽
說最近還吹起早餐風潮與素食風潮？在此依日本代表性美
食分門別類，為大家獻上各類別中精選而出的推薦名店。

早餐風潮

以前來到日本，因為早餐店並不多，所以總會煩惱早餐不知該如何解決，結果不是選擇飯店早餐，就是到便利商店隨便解決一餐。但近年來東京吹起早餐風潮，因此獨具特色的早餐店大量登場。在此以交通便利又美味作為前提，精選出臨近東京各大車站的早餐店，早起的鳥兒們快來嚐嚐吧！

澀谷站／BUY ME STAND

靠近澀谷並木橋的「BUY ME STAND」，是潮牌「Son of the Cheese」旗下的三明治專賣店（潮牌旗艦店就在樓上），外觀非常低調，店內空間雖然不大，但整體感覺復古又簡潔，宛如美國老電影中的某個場景，薄荷綠色的基調不但讓空間變得非常明亮，也營造出時尚的氣息，果然潮牌開的店就是不一樣。

從早上8點開始營業的「BUY ME STAND」，備有各式各樣的熱三明治與輕食，店內座位數不多，並以外帶客居多。熱三明治現點現做，用料非常實在，早上起來喜歡吃熱食的人，熱呼呼的三明治配上一杯香濃咖啡是很棒的選擇。另外，因為三明治比想像中還厚，若是初次造訪的人建議二人先共享一份，不夠再加點。

BUY ME STAND

- 🚉 JR埼京澀谷站新南口徒步約4分鐘（靠近並木橋）
- 🏠 東京都渋谷区東1-31-19マンション並木橋302
  302, 1 Chome-31-19 Higashi, Shibuya-ku, Tōkyō-to
- ☎ 03-6450-6969
- 🕐 8：00～22：00
- 📅 全年無休
- 📋 備有英文菜單
- 🌐 http://www.abcity-tokyo.com/buy-me-stand/#buy-me-stand-menu

一份「COUCH POTATO」（カウチポテト¥1200）包含2大塊這樣的厚實三明治。此店的三明治選擇相當多元。

店內的牆面漆成了薄荷綠色，簡約中散發出美式復古風的氛圍。

表參道站／Café Kitsuné

　　知名法國品牌MAISON
KITSUNÉ在南青山小巷內開設的
「Café Kitsuné」，以茶室作為主題，
運用大量竹節圍籬與木材營造日式氛圍，
並加入大量時尚元素，讓整個半開放式的空
間呈現出復古與時尚的完美結合。

　　店內除了咖啡、茶等飲品之外，還提供每
日限量供應的輕食，其中名為「PARISIENNE」
的法式吐司，不僅包裝精美，還帶有外層微
酥、內層鬆軟的口感，表面沾有蜂蜜，香香甜
甜的味道能為人開啟幸福的早晨，而那條狀設
計，不但方便入口，也不髒手。

🔼 此店相當隱密，往走道底端仔細一看，才看得到「Café
　　Kitsuné」的字樣。

🔽 法式吐司「PARISIENNE」（パリジェンヌ¥500）很適合
　　搭配咖啡一起享用。

「KITSUNÉ」
為日文的狐狸之
意，店內販售的狐
狸餅乾（キツネサブレ
¥280）成了IG的網紅。

Café Kitsuné

🚇 東京Metro千代田線、半藏門線、銀座線表參道站A5出口
　　徒步約2分鐘

🏠 東京都港区南青山3-17-1 フロム5 1F
　　3 Chome-17-1 Minami Aoyama, Minato-ku, Tōkyō-to

📞 0120-667-588

🕐 9：00〜19：00

🚫 不定期公休

🍴 備有英文菜單

🌐 https://www.maisonkitsune.com/mk/cafe-kitsune/

千駄木站／RISAKU（利さく）

　　來到東京若想拋開洋食，品嚐傳統的日式早餐，千駄木站旁的「RISAKU」（利さく）會是個很棒的選擇。聽到千駄木站也許會有種不熟悉的感覺，不過聽到「谷根千」的話也許會熟悉許多，喜愛逛老街的人都愛來這個區域挖寶。此店的飯糰選用群馬縣的越光米，並利用羽釜炊煮，以保留米飯迷人的香氣，連對於飯糰的捏法也相當講究。至於味噌湯的味噌則購自鹿兒島與群馬，每一道配菜都是親手製作，讓人能夠吃到食材原有的美味。此外，此店還提供多樣化的套餐組合，光是晨間套餐就有4種選擇，通通只要¥500。若想一網打盡，可選擇包含1個自選飯糰、味噌湯與3樣配菜的組合。一旦嚐過日本的米飯，一定會深深愛上它。

RISAKU

🚇 東京Metro千代田線千駄木站1號出口徒步約2分鐘

🏠 東京都文京区千駄木2-31-6
2 Chome-31-6 Sendagi Bunkyō-ku, Tōkyō-to

☎ 03-5834-7292

🕐 8：00～20：00

休 週三

🌐 https://www.risaku-tokyo.com

先到「RISAKU」享用美味的日式早餐，再開始逛「谷根千」也是不錯的選擇。

逛老街的首站！

這樣一個套餐居然只要¥500，實在太豐盛了。套餐的配菜每天都會更換。

惠比壽站／EBISU PAN
（えびすぱん。）

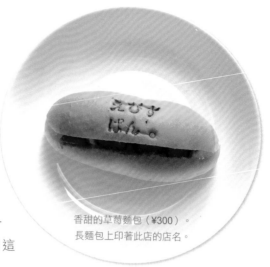

香甜的草莓麵包（￥300）。
長麵包上印著此店的店名。

夾熱狗所使用的麵包在日本叫作「KOPPEPAN」（コッペパン），一聽到KOPPEPAN日本人絕對會忍不住說：「懷かしい」（NATSUKASHII；好懷念啊），原因是因為念書時學校經常供應這樣的夾心麵包。這種夾心麵包除了夾果醬之外，也會夾入不同的內餡一起吃，例如炒麵、炒蛋等，也有人喜歡用這種麵包泡牛乳吃。

位於惠比壽車站附近的「EBISU PAN」（えびすぱん。）是一間夾心麵包專賣店，走進店裡會看到各式各樣排列整齊的夾心麵包，咖哩、豬排、鮭魚、提拉米蘇……，味道單純又鬆軟的麵包，不論搭配什麼樣的口味都很適合，多樣化的選擇讓人一時之間還真不知該怎麼下手才好，不如……通通打包回家吧（笑）。

EBISU PAN

- JR山手線、東京Metro日比谷線惠比壽站東口徒步約5分鐘
- 東京都渋谷区恵比寿1-23-16第六大浦ビル1F
  1 Chome-23-16 Ebisu Shibuya-ku, Tōkyō-to
- 03-6450-2362
- 9：00～18：00
- 週三
- https://www.facebook.com/ebisupan2017/

距離車站不遠的「EBISU PAN」是間很可愛的小店。

好過分啊！口味實在太豐富啦！選好之後不要自己拿，請告訴店員要哪一個，由店員幫你拿。

02
麵麵俱到

拉麵／麥苗

　　醬油拉麵是東京拉麵的代表，歷史非常悠久，既然如此，一定要來碗醬油拉麵才叫來過東京啊！雖然醬油拉麵到處都是，但這裡要介紹一間地理位置雖然偏遠，卻絕對值得一探究竟的拉麵店。

　　自己製麵的「麥苗」只使用日產小麥，並配合時節與當天的天氣，每天改變麵糰成分的比例，而湯頭則以雞骨高湯為底，加入柴魚、昆布等多項食材，熬煮出清爽又香醇的醬油清湯，完全不使用任何化學調味料。初次來到此寶地，此店最受歡迎的「特製醬油拉麵」（特製醬油らあめん ¥990）就給它點下去吧！這碗拉麵裡包含了豬肩肉、豬腹肉以及豬腿肉這3種不同的叉燒肉與雞腿肉，還加入了包著鮮蝦與豬絞肉的手工餛飩，連海苔、蔥、蛋與筍乾都是精選中的精選，最後並採用特別向陶藝工坊訂製的拉麵碗……每一個細節都可看出老闆的用心，這樣一碗精心打造的特製醬油拉麵，你怎能錯過呢？（※店內只能拍攝自己點的餐點喔！）

> 米其林
> 拉麵

麥苗

🚇 JR京濱東北線大森站北口徒步約7
　分鐘／京濱急行本線大森海岸站徒
　步約7分鐘

🏠 東京都品川区南大井6-11-10
　6 Chome-11-10 Minamiōi,
　Shinagawa-ku, Tōkyō-to

📞 03-3298-5158

🕐（平日）
　11：30～14：30、18：00～賣完
　為止（約18：30左右）
　（週六、週日、日本國定假日）
　11：30～賣完為止（約15：00左右）

🚫 不定期公休（每月公布在FB）

📘 https://m.facebook.com/
　homemaderamenmuginae/

⬆ 地理位置稍微偏遠的「麥苗」，在這3
　人的對面是條長長的人龍。

◀ 「特製醬油拉麵」一上桌，一股香氣
　立刻撲鼻而來，每個細節都能感覺到
　店家的用心。

必吃的
沾麵

沾麵／YASUBEE（やすべえ）

　　沾麵、沾麵、沾著吃的麵，屬
於拉麵的一種，將麵湯分離，享用
時夾起麵條放進湯裡沾著吃。一碗好
吃的沾麵需要具備Q彈的麵條，湯頭更是
扮演舉足輕重的角色，因為沾著吃的關係，所以
湯頭通常會比較濃一點，若覺得太濃也可以請店
家加點湯調整一下，許多人也會在吃完麵後，再
請店家加點湯直接喝。（スープ割りください／
SUPUWARI KUDASAI＝請幫我加湯）

清爽的湯頭與Q彈的麵條堪稱絕配。也可用
店內的柴魚粉與洋蔥調整甜度與鹹度。

　　「YASUBEE」（やすべえ）是一家沾麵專
賣店，目前只在東京展店，煮完麵後會用涼水緊
緻麵條，做出Q彈的粗麵，若要選擇熱麵，也可
以向店家提出要求。外頭有些店家的沾麵湯頭會
過腥過濃，但這間店的湯頭鮮中帶甜，清爽又順
口，切成粗條狀的叉燒也不會太肥，屬於怎麼吃
都吃不膩的「耐吃型」沾麵。

YASUBEE（やすべえ）池袋店

🚃 JR、東京Metro各線池袋站東口徒步
約3分鐘

🏠 東京都豊島区東池袋1-12-14
1 Chome-12-14 Higashiikebukuro,
Toshima, Tōkyō-to

☎ 03-5951-4911

🕐 （週一～週六）11：00～27：00
（週日）11：00～24：00

🈺 全年無休

💰 沾麵麵量無論大中小，價格皆為¥780

🌐 http://www.yasubee.com

🈂 「YASUBEE」池袋店靠近池袋Sunshine City。除了一般沾麵，還有辣味、味噌、辣味味噌口味的沾麵。
🈂 也可以加錢多加配料，可以吃辣的話，加辣也很好吃唷！

麻辣湯麵／蒙古湯麵中本

蒙古湯麵中本（東池袋店）

◎ JR、東京Metro各線池袋站東口徒步約3分鐘

📍 東京都豊島区東池袋1-12-15近代2ビル
1 Chome-12-15 Higashiikebukuro Toshima-ku, Tōkyō-to

☎ 03-5954-1123

🕐 11：00～24：00

🚫 全年無休

🌐 http://www.moukotanmen-nakamoto.com

無辣不歡的人到了東京，也許會覺得日本的辣味料理好像偏鹹都不辣，好想吃辣的啊！那麼要不要試試「蒙古湯麵中本」的麻辣湯麵呢？這間店曾被多家媒體報導過，連知名主持人有吉弘行都曾忍不住表示「就算排隊也想吃」，被譽為麻辣界的聖地。

入店後也許會先被滿牆琳瑯滿目的菜單嚇了一跳，看不懂日文沒關係，可以參考一下圖片及旁邊標示的辣度。「辛」就代表「辣」，辣度從0開始一直到10，一般喜歡吃辣的人可以先從5開始挑戰起，到了辣度8起，真的不開玩笑，簡直就已經到了要噴火的程度了。不過這湯頭不光只是辣而已，加入味噌的湯頭真的很香，吃得下的人建議吃完麵後一定要再加白飯一起享用，這湯飯辣歸辣，還是會讓人忍不住一口接一口呢！

又辣
又好吃

右上 東池袋店就在沾麵專賣店「YASUBEE」旁，大紅色的招牌相當搶眼。

右下 道行不高的人請一定要圍上圍裙，紅通通的湯汁若是沾到衣服可就不妙了。

左下 五目蒙古湯麵（五目蒙古タンメン ¥880）辣度6，辣度適中，可先從這個級數開始挑戰。

03
泡飯

KANI-FUKU（かに福）

　　説到日本的泡飯，也許會立即想到茶泡飯，但其實除了茶泡飯之外，日式高湯泡飯也是一絕。日本料理喜歡活用食材本身的味道，而日式高湯更是將食材本身的鮮甜都溶入湯裡，所以做成的泡飯既清爽又美味。

　　在日本橋一帶有2間分店的「KANI-FUKU」（かに福），以螃蟹料理聞名，其中最受顧客喜愛的就是「蟹肉飯套餐」（御かにめし）。此套餐共有3種吃法，一種是直接享用鋪滿蟹肉、撒滿魚卵的蟹肉飯；一種是在蟹肉飯上淋上利尻昆布高湯一同享用的湯泡飯吃法；最後一種則是依個人喜好加上佐料和湯泡飯一起品嚐。

　　香甜的蟹肉飯泡在鮮美的日式傳統高湯裡，每一口都是奢侈的享受，而桌旁放置的芝麻胡椒是特別為蟹肉飯特製，只要在湯泡飯裡撒上一點芝麻胡椒，味道就會變得更鮮美，那濃郁香氣絕對會讓人一試成癮。此外，套餐中還附迷你蟹味奶油可樂餅唷，真是太豐富啦！

KANI-FUKU本店

- 東京Metro東西線日本橋站B9出口徒步約3分鐘
- 東京都中央区日本橋1-2-2
  1 Chome-2-2 Nihonbashi Chūō-ku, Tōkyō-to
- 03-3231-8688
- （平日午餐時段）11：00～15：00
  （平日晚餐時段）17：00～23：00
  （週六、週日、日本國定假日）
  11：00～23：00
- 週一
- 蟹肉飯；普通（御かにめし；普通）
  ¥1800
  蟹肉飯；大份（御かにめし；大盛り）
  ¥2000
- http://www.kani-fuku.com

鋪滿蟹肉、魚卵的蟹肉飯和外表炸得酥脆、裡面包滿香濃內餡的蟹味奶油可樂餅，讓人
看了食指大動。

上「KANI-FUKU」本店的外觀。離走路約5分鐘的距離，還有1間位於購物中心「Coredo室町1」的分店（靠近三越前站）。

下 一開始會端上豐富的自取小菜，用多少取多少。

04
握壽司

美登利

　　來日本不吃個握壽司再回去，實在對不起自己，而東京都內優質的握壽司店也非常多，就連超市販賣的外帶壽司都有一定的水準。想選間交通便利、CP值高的握壽司店，坐下來好好享用？臨近澀谷車站的美登利是不錯的選擇。

　　總店位於梅丘的「梅丘壽司美登利」（梅丘寿司の美登利）澀谷店位於Mark City 4樓，是一間排隊名店，讓大家不惜排隊也要吃的理由，就在於那超優的CP值！以「超特選握壽司」（超特選にぎり）組合為例，除了甜蝦、海膽、鮪魚肚、紅甘、鮮干貝等精選握壽司，還包含了單點就要¥600上下的星鰻握壽司，這樣一個組合只要¥2000實在划算。

美登利

🚃 京王井之頭線澀谷站中央口2樓直達Mark City，再上4樓
🏠 東京都渋谷区道玄坂1-12-3マークシティイースト4F
　　4F, 1 Chome-12-3 Dōgenzaka Shibuya-ku, Tōkyō-to
📞 03-5458-0002
🕐 11：00～22：00
🚫 全年無休
🔖 另有梅丘本店、赤坂店、吉祥寺店等分店
🌐 http://www.sushinomidori.co.jp

CP值優！

右上　「梅丘寿司の美登利」澀谷店位於Mark City 4樓。用餐請先抽號碼牌，各國語言的說明標示相當清楚。

右下　店內也有非生魚片類的餐點可選，不吃生魚片的朋友也可以一起同行。

左　「超特選握壽司」組合，包含10種特選握壽司及手捲，非常超值。

05
迴轉壽司

Moriichi（もりー）

　　來到東京，當然要去一趟大人小孩都喜歡的迴轉壽司店大玩疊疊樂啦！在此要介紹一家午餐時段超划算、幾乎盤盤¥150、想多吃幾種還能雙拼的迴轉壽司店，此店就是位於神保町的「Moriichi」。

　　這家店的醋飯有點不同，使用的是味道較香的紅醋。想省荷包請一定要鎖定平日午間限定的AB超值精選（平日11：00〜14：00），AB組合1盤各3貫，3貫的壽司種類都不同，也就是說AB組都點就能一口氣吃到6種不同的壽司呢！而且1盤居然只要¥150，真是佛心來著。此外，許多壽司都可以雙拼（壽司卷除外），例如想點鮪魚與鮭魚各1貫可不可以？當然可以！選好2種再跟師傅說「HALF DE」（ハーフで／各1貫）就可以囉！若是不好意思點餐，轉盤上豐富的壽司，拿就對了。

Moriichi

🚇 東京Metro半藏門線、都營新宿線、都營三田線神保町站A4出口徒步約2分鐘

🏠 東京都千代田区神田神保町2-24-6
2 Chome-24-6 Kanda Jinbōchō, Chiyoda-ku, Tōkyō-to

📞 03-3951-8394

🕐 11：00〜22：00

📅 全年無休

📋 備有英文菜單

3
東京美食大集合

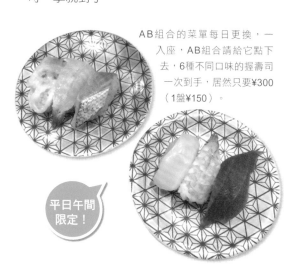

AB組合的菜單每日更換，一入座，AB組合請給它點下去，6種不同口味的握壽司一次到手，居然只要¥300（1盤¥150）。

平日午間限定！

⬆ 轉盤上放著種類豐富的壽司，不會說日文、看不懂菜單都不是問題，拿就對了。不吃生食的人也選擇多多，紅色盤子1盤通通只要¥150。

⬆ 圖中是2種貝類的雙拼握壽司。能一次品嚐到多種類的壽司，實在是太幸福了。

⬇ 藍色盤子的一盤¥250。長長一條、上下包夾醋飯的星鰻（穴子）握壽司超好吃，一定要點。

生魚片

06

齊藤鮮魚（割烹さいとう）

想要吃生魚片吃個過癮又不想花太多錢？請鎖定入谷這間「齊藤鮮魚」（割烹さいとう）的午餐！這間店由魚販經營，並在午餐時段推出超值特餐，2個握壽司再加上各式生魚片的海鮮丼，滿滿一盤居然只要¥850，而且還附味噌湯和小菜呢！老闆做生意的宗旨就是把盤子填滿，海鮮丼裡的生魚片每天變換。請看看那生魚片的厚度，天啊！也太厚了吧！因為經營魚店的關係，所以生魚片保證新鮮。點餐時生魚片可選擇直接放在飯上還是分開，¥850的海鮮丼是一般分量，若覺得不夠也可以選擇大份的海鮮丼（具の大盛り¥1050），不過一般的量就很多了，除非真的很能吃，要不然點一般分量應該就已足夠。如此超值又新鮮的生魚片大餐，唯有魚店才能辦到。切記！只有中午才有超值海鮮丼喔！晚上來的話就不是這個價格囉！

齊藤鮮魚

🚇 東京Metro日比谷線入谷站4號出口徒步約1分鐘

🏠 東京都台東區下谷2-9-7
2 Chome-9-7 Shitaya Taitō-ku, Tōkyō-to

☎ 03-3873-7321

🕐 （午餐時段）11：30～14：00
（晚餐時段）17：00～21：00

🚫 週日、日本國定假日

🔴上 中華料理?! 不不不，是因為隊伍太長了啦！每到中午「齊藤鮮魚」前就會排起人龍。

🔴下 店家原本只經營這間魚店，後來才把隔壁頂下，開始販售海鮮料理。

🔴左 這樣一盤新鮮的生魚片大餐居然只要¥850，實在太驚人了。

07
關東煮

OTAKOU（お多幸）

　若問東京人：「説到關東煮，會想到東京的哪家店呢？」很多人都會回答「OTAKOU」（お多幸）。這間從小攤子開始做起的老店，創業至今已將近百年，取名為「多幸」除了與創業的老太太有關，也有希望顧客幸福滿滿之意，至於料理，時至今日依然保留了江戶的傳統風味。

　來到此店不只要吃關東煮，招牌「豆腐飯」（とうめし；とうちゃ）更是不容錯過，香噴噴的米飯上，加上了一大塊滷到非常入味的豆腐，並淋上滷汁，那絕妙的滋味讓人吃完了忍不住想喊再來一碗。對初次來此店的人，建議可選擇任選4樣關東煮的商業午餐（おでん四品；神田店 ¥780／本店 ¥980），任選的4樣關東煮中，其中1樣也可以選擇豆腐飯喔！不怕芥末味的人，建議可在豆腐飯上稍微加一點日式芥末醬，味道會變得很爽口呢！

> **OTAKOU神田店**
> - 東京Metro銀座線、半藏門線三越前站A10出口徒步約3分鐘／JR總武線新日本橋站4號出口徒步約2分鐘／JR各線神田站南口徒步約4分鐘
> - 東京都中央区日本橋室町4-3-11
>   4 Chome-3-11 Nihonbashimuromachi Chūō-ku, Tōkyō-to
> - 03-3242-0753
> - （午餐時段）11：00〜13：30
>   （晚餐時段）16：30〜23：00
> - 週六、週日、日本國定假日
> - http://www.otako.co.jp

🔼「OTAKOU」的分店相當多，日本橋、神田、銀座等地都有分店，但經營方式與價格有些許差異。

🔽 必吃的招牌「豆腐飯」，滑嫩的豆腐超入味。

08
壽喜燒

牡丹（ぼたん）

　　壽喜燒是日本的傳統火鍋，相信對大家而言已不陌生，但大部分的人也許會認為壽喜燒就該放牛肉，然而大家是否知道，其實雞肉壽喜燒的歷史也很悠久呢？在一般不吃牛肉的德川幕府時代，人們會在慶祝之日享用以雞肉為主的壽喜燒，直到後來漸漸接受牛肉，牛肉才慢慢變成壽喜燒的主要食材。既然如此，來到東京何不嚐嚐傳統的雞肉壽喜燒呢？

　　位於神田的「牡丹」（ぼたん），是一間創業超過百年的老店，不但保留了傳統的木造建築，營業至今也一直維持傳統，只販售雞肉壽喜燒，並運用備長炭與鐵鍋維持特有的風味。走進這間日本家宅般的老店，迎面而來的是穿著和服的服務人員以及日文稱作「下足番」的鞋總管，別以為管鞋的老伯只是隨便理理鞋，他會記得每一位顧客穿的是什麼鞋，離開的時候自動為顧客擺好，送顧客到門口。跟著接待人員來到2樓，映入眼簾的是古色古香的日式宴席廳，點

牡丹	
🚇	東京Metro丸之內線淡路町站A3出口徒步約2分鐘／都營新宿線小川町站A3出口徒步約2分鐘／東京Metro銀座線神田站6號出口徒步約5分鐘
🏠	東京都千代田区神田須田町1-15 1 Chome-15 Kanda Sudachō Chiyoda-ku, Tōkyō-to
☎	03-3251-0577
🕐	11：30〜21：00
🈂	週日、日本國定假日（8月有2週左右的店休）
🍴	雞肉壽喜燒（鳥すきやき）1人 ¥7600

此店的壽喜燒至今仍沿襲傳統，使用的是整隻雞完整的各個部位，實在難能可貴。

雞肉壽喜燒

左 曾經歷戰爭並有幸保存下來的「牡丹」，位於神田的小巷內。
右 傳統壽喜燒的豆腐一定要預先煎過。待甜鹹鹹的醬汁入味後即可享用。

完餐後，熱騰騰的備長炭火就會端到面前。一開始服務人員會先為顧客服務，在四角鐵鍋內放入食材，這裡的雞肉壽喜燒使用的是一整隻雞的各個部位，以及雞肉丸子、大蔥、燒豆腐與蒟蒻這些壽喜燒代表性食材，量依人數計算，熟透後方可自行取用，接著再依照自己的用餐步調自行料理。

在傳統日式家宅裡享用傳統雞肉壽喜燒，絕對是不可多得的體驗，而能一口氣品嚐到雞肝、雞心等完整部位的壽喜燒，機會更是難得。當新鮮的雞肉與其他講究的食材吸滿甜鹹醬汁後，入口前請沾上蛋液、與大蔥一同享用，那傳承百年的好滋味相信不會令你失望。如果可以的話，最後請保留些許雞肉與蔥，因為最後服務人員會利用鍋中剩下的醬汁，加入飯與蛋

做成親子丼，這時候的醬汁絕對是精華中的精華，所以保證好吃！而敢吃半熟蛋的人，請在半熟的狀態下立即享用，即使肚子已半飽，那帶有滑嫩口感與香甜蛋香的親子丼，絕對會讓人無法停筷。

最後的親子丼
包含所有食材的
精華，為美好的一餐畫下完美的句點。

09 蓋飯

東京版
黯然銷魂飯

油亮亮的
碳燒豬肉，
是名副其實的
盜飯賊。

豚野郎

走出御茶之水站，聖橋口向右轉，五光十色的招牌映入眼簾，穿越人群來到一棟不起眼的大樓前，會發現陳舊狹窄的樓梯間裡貼著「豚野郎請上3樓」的標示，真真切切的平民美食藏身於此。

朝菜單上一看，撇開泡菜、配湯不說，此店只賣1樣東西，那就是「碳燒豬肉蓋飯」（炭焼豚丼；大 ¥900／中 ¥700／小 ¥500）。日本人管這種沒有華麗裝潢、便宜又好吃的美食叫作B級美食，一碗看似樸實的蓋飯，每片豬肉都是現點現烤，吸滿特製醬汁的豬肉在除去多餘的油脂後，味道變得更香更濃，讓人忍不住一下子就把飯扒個精光。若在夜裡來到這裡，只要多加 ¥200就能升級為茶泡飯套餐，這麼一來，就能同時品嚐到香濃蓋飯與清爽茶泡飯這2種截然不同的風味。

上「豚野郎」位於3樓，入口處位於1樓拉麵店的右側。

下 18：00～23：00的晚餐時段，各個蓋飯加 ¥200，就能升級成茶泡飯套餐喔！茶泡飯並沒有一定的吃法，要不要留下肉片都可以，但可別忘了留下飯和醬汁啊！

豚野郎

- 🚃 JR中央・總武線御茶之水站聖橋口徒步約1分鐘
- 🏠 東京都千代田区神田駿河台2-6-15　3F
  3F, 2 Chome-6 Kanda Surugadai Chiyoda-ku, Tōkyō-to
- ☎ 03-3219-9322
- 🕐 11：00～23：00
- 🚫 週日
- 🌐 http://kurae-butayarou.com

10 炸豬排

Kimi ni Ageru（君に、揚げる）

Kimi ni Ageru

🚇 JR、東京Metro各線池袋站東口徒步約3分鐘

🏠 東京都豐島区南池袋2-13-10東海キャッス
ル小林1F
2-chōme-13-10 Minamiikebukuro,
Toshima City, Tōkyō-to

☎ 03-5957-0429

🕐 11：00〜16：00／17：00〜20：00

🚫 週三、週四

來日本怎麼可以錯過又酥又厚又大塊的香酥炸豬排呢？那麼炸豬排要配什麼？當然就是不多吃點絕對會後悔的高麗菜絲啦！日本緯度較台灣高，因此高麗菜超甜超好吃。而炸豬排與高麗菜絲都能讓你大大滿足的店在哪裡？答案就是位於池袋的「Kimi ni Ageru」。

這間豬排專賣店的店名一語雙關，翻成中文可譯作「為你而炸」，使用的是群馬縣產的嬉嬉豬。在門口買完餐券後，將餐券交給店員再等個10分鐘左右，外層酥脆、內層軟嫩又多汁的美味豬排立即上桌。除此之外，這間店的飯與高麗菜絲，還可以擇一加大（請在購買餐券時擇一），選擇高麗菜絲加大的人，即可獲得高約30公分的高麗菜山一座（笑）。隨餐還附料多味美的豬肉湯與醬菜，餐後還有外帶咖啡可享用唷！CP值也太優了吧！

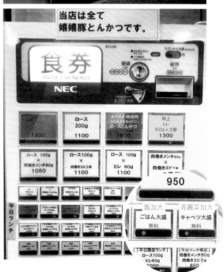

🔼 位於小巷裡的這間豬排專賣店，因CP值超優，在當地超有人氣。

🔽 進店前請先購買餐券，飯或高麗菜加大的選項位於右側中央（請二選一）。而平日午餐（平日ランチ）價格則便宜¥100。（ロース=里脊肉／ヒレ=腰內肉／肉巻き=肉捲／肉巻きメンチ=捲肉餅／エビ=蝦）

◀ 特等里脊（特上ロース200g ¥1300）肉又厚又嫩，沾醬部分有黃芥末、綠芥末、蘿蔔泥與豬排醬可選。後方是選擇高麗菜加大的高麗菜山，這座山超厚實。

11
素食風潮

AFURI

　　以前要在日本找尋素食並不容易，但近年來因為興起素食風潮的關係，素食不再難找，像是知名的連鎖拉麵店「AFURI」就推出素食拉麵，同行者中若有人吃素的話，即使不去素食餐廳，也能一起在這間拉麵店享用美食。

　　這家店以帶有淡淡柚香的淡麗系清爽拉麵出名，迷人的金黃色柚香高湯、軟硬適中的細麵條與碳火烤過的叉燒，讓人怎麼吃都吃不膩，於是乎不管開了多少分店，每間分店的門前總是排著長長的人龍。而這間店居然還推出了專為素食者設計的「蔬菜拉麵」（彩り野菜のヴィーガンらーめん¥1350），雖然價格並不便宜，但這碗麵除了使用大量的新鮮蔬菜外，麵條的部分也未使用蛋，而是用蓮藕製成，從湯頭到材料全部使用素食食材，吃素的朋友可以安心享用喔！

AFURI原宿店

🚇 JR山手線原宿站徒步約4分鐘

🏠 東京都渋谷区千駄ヶ谷3-63-1グランデフォレスタ1F
3 Chome-63-1 Sendagaya Shibuya-ku, Tōkyō-to

☎ 03-6438-1910

🕙 10：00～23：00

🈚 全年無休

🌐 http://afuri.com

每到用餐時間，各分店的門口就會排起長長的隊伍。

(左) 講究的蔬菜素拉麵，蔬菜的部分會隨季節更換。

(中) 柚子鹽味拉麵（柚子塩らーめん ¥980）附的是碳烤叉燒，也可以換成雞肉叉燒。

(右) 正常量的柚露沾麵（柚子露つけ麺 ¥1060），味道非常清爽。沾麵一般附的是五花肉叉燒，也可以換成雞肉叉燒。

素

T's Restaurant

　　除了拉麵之外，開設在自由之丘的
素食餐廳「T's Restaurant」也提供多
樣化的選擇供素食者挑選，所有料理完
全不使用魚、肉、蛋、乳製品等動物性
食材，就算吃素也有咖哩飯、焗烤、意
大利麵、擔擔麵，以及各式前菜、甜點
可以選擇，主菜的選項中甚至還有大豆
做的油淋雞呢！無論想吃中式、還是西
式，這裡通通都有。

　　未安排到自由之丘一遊也沒有關
係，在東京車站與上野車站也找得到此
餐廳所開設的拉麵店「T's TANTAN」。
吃素者或是過敏體質的人來到東京，終
於不用再為找不到素食而煩惱啦！

🔴🔵「T's Restaurant」位於日本雜貨天堂自由之丘，
　　離車站走路只要3分鐘。

🔴🔵 套餐的沙拉和飲料。除了套餐之外，各式前菜、
　　主菜、甜點及飲品都可以單點。

🔵 雙色咖哩（ハーフ＆ハーフカレー）假日的套餐
　　價為¥1500，平日的話會更便宜，加素雞只要加
　　¥150。

T's Restaurant

🚇 東急東橫線、東急大井町線自由之丘站正面口徒
　　步約3分鐘

🏠 東京都目黑区自由が丘2-9-6 Luz自由が丘B1F
　　2 Chome-9-6 Jiyūgaoka Meguro-ku, Tōkyō-to

☎ 03-3717-0831

🕐 11：00～22：00（分為午餐、下午茶、晚餐時段）

📅 全年無休

🌐 http://ts-restaurant.jp

12
鯛魚燒

浪花家、鳴門

　　也許有人會說鯛魚燒不就是那樣，有必要來東京吃鯛魚燒嗎？不～！千萬別這麼想，沒在日本吃過鯛魚燒的人，走過經過快給這個平民小吃一個機會，嚐嚐看日本的鯛魚燒和台灣有什麼不同吧！

　　尤其是幾間代表性的鯛魚燒專賣店，例如「浪花家」與「鳴門」，兩家皆採用北海道十勝嚴選紅豆，而且一條魚從頭到尾都吃得到滿滿的紅豆餡呢！前者是東京最早開始賣鯛魚燒的店，已超過百年的歷史，鯛魚燒的表皮較白又薄，使用單模烤盤一隻一隻烘烤出均勻的焦脆感；後者在東京各地都有分店，同樣也是以一隻隻烘烤的方式去烤，在製作過程中還加入了日本名水百選的天然水，外表酥脆，吃得到甜甜的蜜香。皮薄餡多是挑選鯛魚燒的大重點，而這兩家通通都具備這點，建議一入手馬上趁熱現吃喔！

🔺 麻布十番的「浪花家總本店」的外觀，一看就知道歷史悠久。

🔻「鳴門鯛燒本舖」分店較多，味道與口感不輸老店。

🔵（上）浪花家的鯛魚燒表皮偏白。就是要鎖定皮薄餡多的鯛魚燒。（下）鳴門的鯛魚燒吃得到蜜香，除了紅豆之外，還有地瓜口味。

麻布十番浪花家　總本店

🚇 都營大江戶線、東京Metro南北線麻布十番站4號出口徒步約2分鐘

🏠 東京都港区麻布十番1-8-14
　　1 Chome-8-14 Azabujūban Minato-ku, Tōkyō-to

☎ 03-3583-4975

🕐 11：00～19：00

🚫 週二、第3週的週二及週三連休

💰 1隻 ¥150

📍 淺草也有分店

🌐 http://www.azabujuban.or.jp/shop/food/219/

鳴門鯛燒本舖　淺草橋店

🚇 JR總武線、都營淺草線淺草橋站A2出口徒步約1分鐘

🏠 東京都台東区浅草橋1-9-1
　　1 Chome-9-1 Asakusabashi Taitō-ku, Tōkyō-to

☎ 03-5256-4888

🕐 10：00～22：00

🚫 全年無休

💰 1隻 ¥180

📍 池袋、高田馬場、惠比壽等地都有分店

🌐 http://www.taiyaki.co.jp

藝術大師在身旁

欣賞藝術只能去美術館？不不不，除了去展覽館之外，藝術其實就藏在生活之中。那間隱密的可愛咖啡店、寧靜住宅區裡的某間餐廳、還有人來人往的街頭，都藏著大師的心血結晶，貼近藝術原來可以這麼簡單。

01
水木茂大師

天神通商店街

　　《鬼太郎》（ゲゲゲの鬼太郎）這部日本漫畫出自水木茂大師之手，身穿黃黑色背心與木屐的正義男孩與妖怪們的故事，對許多人來說都不陌生，而水木大師與夫人擺脫貧窮生活的心路歷程，也透過《鬼太郎之妻》（ゲゲゲの女房）這部夫人的自傳與後來翻拍的連續劇呈現在大家面前，而這些故事發生的背景就在調布這座城市。

　　調布市緊鄰三鷹市，出生於鳥取的水木大師從年輕時即移居於此，直到走到人生的最後階段都居住在這座城市裡，所以調布可以說是水木大師的第2個故鄉。因此，從步出調布站開始，往天神通商店街的方向走去，無論是路上的巴士，還是地面的人孔蓋，一路上都有鬼太郎與妖怪出沒，許多鬼太郎迷都會來此地朝聖。

天神通商店街
- 交 京王相模原線調布站北口徒步約3分鐘
- 址 東京都調布市市布田1-3
  1 Chome-3 Fuda Chōfu-shi, Tōkyō-to
- 網 http://tenjindo-ri.jp

靠近調布站的天神通商店街雖然不長，但四處可見鬼太郎與妖怪們的蹤影。

連巴士的車身都有鬼太郎與妖怪出沒。

深大寺鬼太郎茶屋

　　説起朝聖，除了天神通商店街外，還有個令鬼太郎迷們流連忘返的聖地，那就是已有千年歷史的「深大寺」。深大寺是東京都第二古老的寺廟（第一是淺草觀音寺），也是水木大師與夫人第一次約會的地方，到了秋天，這裡會搖身一變，成為東京都的賞楓名所，據說大師找不到靈感時，常到深大寺走走散心。雖然距離東京都心有一段距離，但從吉祥寺站搭乘公車來到這裡只要30分鐘左右，若計畫來此地一遊，建議可安排半天時間，這麼一來會玩得更悠閒一點。

　　深大寺四周非常熱鬧，有許多商家聚集，販賣這裡的名產蕎麥麵，以及各式日式小吃，整個商圈非常集中，且店家多為古色古香的日式傳統建築，其中最受關注的絕對是「鬼太郎茶屋」啦！這間利用老店改造而成的茶屋，陳舊的

歷史悠久的深大寺，是東京都內僅次於淺草觀音寺的第二古老寺廟，也是賞楓名所喔！

🔘上 「鬼太郎茶屋」是鬼太郎迷眼中的聖地，喜歡鬼太郎的朋友非來不可。

🔘下左 連坐椅都有妖怪出沒。來到這裡一定要仔細注意各個角落。

🔘下右 抬頭一望，一整排的眼球老爹就這樣出現在眼前。

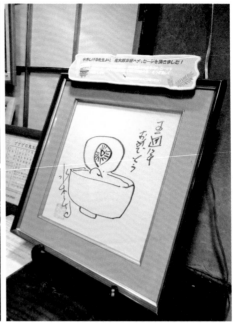

左上 妖怪抹茶組¥500。可愛的鬼太郎讓人捨不得吃。
左下 眼球老爹栗子紅豆湯¥600。別把一旁的鹹昆布放進湯裡喔！配著吃就好。
右 店內擺放著水木大師送給鬼太郎茶屋的簽名板。

外觀與鬼太郎的風格非常契合，而茶屋的各個角落也設置了許多巧思，像是樹上的樹屋、屋簷上的木屐、停放在一旁的鬼太郎小巴士、還有燈飾及長椅等各種布置，四處可見妖怪們的可愛身影。來到這裡可以在妖怪商店買到鬼太郎的各種週邊商品；妖怪藝廊裡也展示著水木大師的寶貴作品；來到店內的茶屋則能品嚐到各種妖怪甜點，尤其是眼球老爹的紅豆湯，更成為大家必點的一道，不過把老爹放入湯裡並送到口中的過程可能會讓人幾經猶豫就是了（笑），鬼太郎迷們快來朝聖吧！

鬼太郎茶屋

🚃 從京王相模原線調布站中央口，轉搭往深大寺方向的京王巴士至終點下車（巴士車程約15分鐘）／從JR中央‧總武線吉祥寺站或三鷹站南口，轉搭往深大寺方向的小田急巴士至終點下車（巴士車程約25分鐘）

🏠 東京都調布市深大寺元町5-12-8
5 Chome-12-8 Jindaiji Motomachi
Chōfu-shi, Tōkyō-to

📞 042-482-4059

🕙 10：00～17：00

🚫 週一（如遇日本國定假日，則改為隔日休息）

🌐 深大寺官網：https://www.jindaiji.or.jp

🌐 http://kitaro-chaya.jp

可愛的綠色小巴士停放在鬼太郎茶屋旁，整個車身畫滿鬼太郎的各個角色。

02 宮崎駿大師

三鷹之森吉卜力美術館
（三鷹の森ジブリ美術館）

宮崎駿大師於三鷹設立的「吉卜力美術館」，是東京最熱門的美術館之一，這座小小的美術館成立於2001年，每年都會在館內舉辦不同專題的展覽，播放美術館專用的動畫電影，而常設展的部分，還可以欣賞到動畫的製作過程、工作室場景，以及吉卜力作品的原稿和參考資料，讓人能夠近距離接觸吉卜力動畫的魅力。

一入館內，將門票交給工作人員後，會得到一張以作品膠卷製成的入場券，每張膠卷的畫面都不同，極具收藏價值，利用館內特定的播放機，還可以觀賞其畫面。為了讓大家在館內專心參觀、欣賞，館內禁止拍照，若想拍照留念的話，館外的部分是可以自由拍照的喔！另外，請仔細留意館內館外的每一個角落，無論是天花板、水龍頭、還是彩繪玻璃窗，這座美術館的各個角落都藏著吉卜力卡通人物的身影。

打卡景點

🔴 入場券以作品的膠卷製成，每張都不同，極具收藏價值。

⚫ 守護美術館的巨大機器人，是按原寸比例打造而成，一入館一定要搶先衝上屋頂與機器人合影。

◉ 訂票方式

目前「吉卜力美術館」採全面預約制並須記名，國外旅客除了可透過旅行社或代購網站訂票，也可以利用英文網站自己預約，每月10號於日本時間10點開放預約下個月的門票（請注意兩地之間的時差）。一天4場，一人最多可買6張，付費方式僅限信用卡支付，購買完畢電子信箱會收到一封通知信，透過信中的連結，即可列印票券。參觀當天必須備妥包含QR CODE的票券與訂票者的護照，方便核對身分。因採記名制，所以訂票者一定要到場喔！而同行者只要核對人數即可。

※英文購票網站：http://l-tike.com/ghibli/

😺 抓到了！躲在龍貓售票亭下的小黑炭真可愛。　😺 藏在彩繪玻璃裡的小精靈出自《魔法公主》（もののけ姫）。

　　必須注意的是美術館的入館場次一天共有4場（早上10點、中午12點、下午2點與下午4點），雖然入館後並無限制參觀時間，但必須在所選場次時間開始後的半小時內入館，由於入館前會花去一些驗票時間，因此最好能提早到場，愈早入館，愈能保有充裕的參觀時間。此外，戶外拍照區最熱門的打卡景點，絕對非屋頂的巨型機器人莫屬，這個機器人是美術館的守護神，若想與機器人好好拍張合照，最好能搶到最早的場次，並在入館後率先衝上屋頂，這麼一來就能留下最美好的畫面啦！

三鷹之森吉卜力美術館

🚉 JR中央‧總武線三鷹站南口徒步約15分鐘／至JR中央‧總武線三鷹站南口轉搭龍貓循環巴士，或行經明星學園的公車（單程－大人¥210／小孩¥110。來回－大人¥320／小孩¥160。單程可刷Suica等交通卡），在明星學園入口站下車，車程約5分鐘

🏠 東京都三鷹市下連雀1-1-83
1 Chome-1-83 Shimorenjaku Mitaka-shi, Tōkyō-to

☎ 0570-055-777

🕐 10：00～18：00

🚫 週二（其他不定期休館日請參考：http://l-tike.com/info/ghibli/index.html）

💴 大學以上¥1000／國高中生¥700／小學生¥400／4歲以上¥100（4歲以下免費）

🌐 http://www.ghibli-museum.jp

白髭泡芙工房
（白髭シュークリーム工房）

白髭泡芙工房

🚇 小田急線世田谷代田站西口徒步約3分鐘

🏠 東京都世田谷区代田5-3-1
5 Chome-3-1 Daita Setagaya-ku, Tōkyō-to

📞 03-5787-6221

🕙 10：30～19：00

🈺 週二（如遇日本國定假日，則改為隔日休息）

📌 （吉祥寺分店）東京都武藏野市吉祥寺南町
2-7-5 1F（11：00～19：00／週二公休）

💰 龍貓泡芙（シュークリーム）¥420～¥460

🌐 http://www.shiro-hige.com

　　「白髭泡芙工房」（白髭シュークリーム工房）由宮崎駿大師的親戚經營，販賣宮崎駿大師唯一授權的龍貓泡芙。自從將店面搬到靠近下北澤的世田谷代田站旁後，除了1樓的工房提供外帶龍貓泡芙與相關西點外，2樓的「TOLO COFFEE & BAKERY」也備有各式西餐、麵包和飲品，大家可點龍貓泡芙在店內享用。可愛的龍貓泡芙整年都有奶黃口味與巧克力口味，並推出季節限定口味，圓滾滾的模樣與大大的雙眼，真是可愛極了，下刀前總要扎掙千百回。除了龍貓泡芙之外，工房裡還販售各式各樣的可愛西點喔！若想外帶龍貓泡芙，店內會提供外帶紙盒，有需要的話也可以另外購買保冷袋，歡迎大家把龍貓帶回家。

龍貓餅乾禮盒製作得相當精美，展開後可看到盒內可愛的插畫，以及各種口味的龍貓餅乾（¥1250）。

頭戴小花的草莓口味於1～6月期間推出。

🔼 「白髭泡芙工房」位於寧靜的住宅區，招牌上畫著可愛的插畫。

🔽 抹茶口味的龍貓泡芙，實在是太可愛啦！

日本電視台宮崎駿大鐘
（宮崎駿デザインの日テレ大時計）

花了5年時間構思，用了1年多的時間建造，位於汐留日本電視台外的「宮崎駿大鐘」（宮崎駿デザインの日テレ大時計），每天有4場表演，六、日多加1場，每到表演時間的2分45秒前，大鐘的機關就會開始運作並播放音樂，整體設計讓人聯想到《霍爾的移動城堡》（ハウルの動く城），能夠近距離接觸大師的作品，機會實在難得，宮崎駿迷們絕對不能錯過。

日本電視台宮崎駿大鐘

- 🚉 JR山手線新橋站汐留口徒步約3分鐘／東京Metro銀座線新橋站4號出口徒步約3分鐘／都營淺草線新橋站2號出口徒步約1分鐘／都營大江戶線汐留站5、6號出口徒步約1分鐘／百合海鷗號汐留站、新橋站徒步約1分鐘
- 🏠 東京都港区東新橋1-6-1　2F
  2F, 1 Chome-6-1 Higashishinbashi Minato-ku, Tōkyō-to
- 🎭 （週一～週五）12：00、15：00、18：00、20：00
  （週六、週日）10：00、12：00、15：00、18：00、20：00
- 📝 從表演時間的2分45秒前開始運作
- 🌐 http://www.ntv.co.jp/shiodome/shop/tokei.html

🔶 到了表演時間，大鐘上的裝置就會開始啟動，忙碌的打鐵工人上工囉！

🔶 宮崎駿大師與日本電視台合作的大鐘，位於汐留的日本電視台外，宮崎駿迷們必訪。

03
奈良美智大師

原美術館

　　以大眼、高額的大頭娃娃畫像廣為人知的奈良美智大師，是一位活躍的日本當代藝術家，他筆下的孩子並沒有限定性別，有點中性、又有點邪惡，以獨特的風格紅遍世界各地。來到東京若想欣賞奈良美智大師的作品，可前往位於品川區的「原美術館」，這間小小的美術館是以私人住宅改造而成，因此有一種像是去人家家裡欣賞藝術品的親切感，館內的收藏與展覽作品都是現代藝術中的精選，並在常設展部分，設有奈良美智大師與設計團隊graf合作的「我的畫室」（My drawing room），可看到大師於2004年的創作風格。仔細觀察奈良大師各個時期的作品，也許會發現近年來他的畫風逐漸出現變化，那叛逆的孩子開始露出平靜的表情與柔和的眼神，因此「我的畫室」就像是時光機一樣，載著我們回到2004年，窺探那時期大師的內心世界。此外，此美術館也經常展出奈良大師的其他作品，並曾邀請大師現身，奈良美智迷們一定要密切注意相關情報，別錯過難得的機會喔。

館內禁止攝影。可在紀念品區買到奈良美智常設展及畫作的名信片喔！

原美術館

🚇 京濱急行北品川站徒步約8分鐘／JR山手線品川站高輪口徒步約15分鐘

📍 東京都品川区北品川4-7-25
　 4 Chome-7-25 Kitashinagawa Shinagawa-ku, Tōkyō-to

☎ 03-3445-0651

🕐 11：00～17：00（週三若非日本國定假日則營業至20：00）

❌ 週一

🎫 大人¥1000／高中生¥700／中小學生¥500

🌐 http://www.haramuseum.or.jp

⬆ 「原美術館」隱身在品川區的小巷中，館藏與布展作品以當代藝術為主。

⬇ 喜愛當代藝術的原邦造先生，將這棟原本要拆除的舊宅重新改造成美術館。

04 草間彌生大師

草間彌生美術館

　　作品充滿張力的草間彌生大師，善於運用高彩度對比的圓點，創造出充滿生命力的作品，「南瓜」系列更成為她眾多作品中的重要代表，而現在東京又多了一個點點控們必去的草間彌生聖地，那就是位於早稻田大學附近的「草間彌生美術館」。

　　此美術館採預約制，每隔一段時間就會更換展覽主題，每月1號從日本時間的早上10點開始販售2個月後的門票，因為入場時間分為4個時段，每時段為90分鐘並僅限70名，所以通常一開賣隨即秒殺，若想參觀草間彌生美術館的話，一定要準時上網搶票。若沒搶到票也不要傷心，東京車站一帶的丸之內仲通一樣找得到草間大師的南瓜作品，這位大師也經常與各界推出合作計畫，讓人有機會貼近草間大師獨特的世界觀。

草間彌生美術館

🚇 東京Metro東西線早稻田站1號出口徒步約7分鐘／都營大江戶線牛込柳町站東口徒步約6分鐘

🏠 東京都新宿区弁天町107
107 Bentenchō Shinjuku-ku, Tōkyō-to

☎ 03-5273-1778

🕐 11：00～17：00

🚫 週一、週二、週三

💰 一般¥1000／高中小學生¥600

🌐 https://yayoikusamamuseum.jp

🔼 「草間彌生美術館」於2017年開幕，採全面預約制，每隔一段時間就會更換主題。

🔽 館內展示的可愛大南瓜。南瓜是草間大師的最愛，也是最具代表性的主題之一。

⦿ 想購買奈良美智大師、草間彌生大師的周邊商品？

快去東京PLAZA銀座3樓的「HINKA RINKA」，在這裡可以找到好多好多2位大師的週邊商品。

可愛的奈良美智娃娃（¥4320），讓人忍不住想把它帶回家。

HINKA RINKA

🚇 東京Metro銀座線、丸之內線、日比谷線銀座站C2出口徒步約1分鐘

🏠 東京都中央区銀座5-2-1東急PLAZA銀座3～5F
3~5F, 5 Chome-2-1 Ginza Chūō-ku, Tōkyō-to

☎ 03-3572-0050

🕐 11：00～21：00

🌐 https://www.tokyu-dept.co.jp/hinka-rinka/

4

藝術大師在身旁

05
藝術金三角

國立新美術館

　　由黑川紀章大師設計的「國立新美術館」，無論是波浪形的玻璃帷幕外觀或是館內的圓錐體設計，都令人嘆為觀止，單建築物本身就很有看頭，此美術館最大的特色就是並無館藏，僅提供優質場地舉辦世界級展覽。

國立新美術館

🚇 東京Metro千代田線乃木坂站6號出口直達／
　都營大江戶線六本木站7號出口徒步約4分鐘

🏠 東京都港区六本木7-22-2
　7 Chome-22-2 Roppongi Minato-ku, Tōkyō-to

☎ 03-5777-8600

🕙 10：00～18：00

🈺 週二

🌐 http://www.nact.jp

乃木坂站

國立新美術館

國立新美術館不僅有美麗的外觀，館內一樣令人嘆為觀止。

森美術館

　　位於六本木HILLS森大樓53樓的「森美術館」，是日本最高的室內美術館，並以現代性與國際性為理念，經常舉辦以亞洲創作為主的現代藝術展。除了展覽之外，美術館附近、連結朝日電視台外圍，還有❶Louise Bourgeois大師的大蜘蛛「MAMAN」、❷吉岡德仁先生的「消失在雨中的椅子」、❸宮島達男先生的「Counter Void」等街頭藝術作品。

朝日電視台

六本木站

森美術館

21_21 DESIGN SIGHT

21_21DESIGN SIGHT

位於東京MIDTOWN花園內的「21_21 DESIGN SIGHT」由三宅一生、安藤忠雄、佐藤卓這3位不同領域的大師攜手完成，突顯出三宅一生大師「一匹布」的時尚哲學。此美術館想傳達的是「設計無所不在」，因此比起難懂的藝術，此美術館策畫的主題往往貼近生活。

三得利美術館　　東京MIDTOWN

21_21 DESIGN SIGHT

- 都營大江戶線六本木站8號出口直達／東京Metro千代田線乃木坂站3號出口徒步約3分鐘
- 東京都港区赤坂9-7-6東京ミッドタウン　ガーデン内
  9 Chome-7-6 Akasaka Minato-ku, Tōkyō-to
- 03-3475-2121
- 10：00～19：00
- 週二
- 一般¥1100／大學生¥800／高中生¥500／國中生以下免費
- http://www.2121designsight.jp

三得利美術館

當代建築師隈研吾設計的「三得利美術館」，融合日本現代主義與傳統元素，透過可動式桐木縱格與傳統和紙，為室內注入柔和的光線，取代一般美術館的冰冷空間。展覽以日本藝術品為主，並以「生活之美」作為經營方針。

三得利美術館

- 都營大江戶線六本木站8號出口直達／東京Metro千代田線乃木坂站3號出口徒步約3分鐘
- 東京都港区赤坂9-7-4東京ミッドタウン　ガーデンサイト
  9 Chome-7-4 Akasaka Minato-ku, Tōkyō-to
- 03-3479-8600
- 10：00～18：00
- 週二、1月1日
- https://www.suntory.com/sma/

1 Louise Bourgeois大師的作品「MAMAN」。

2 吉岡德仁先生的作品「消失在雨中的椅子」。

3 宮島達男先生的作品「Counter Void」。

06
坂茂大師

Vin Sante

　　曾榮獲普利茲克建築獎的國際級建築大師坂茂先生，以紙建築聞名全球，這位建築界的奇才，也是環保建築的先驅，他在反覆研究後，研發出防水、防火又堅固的紙管材料，並成功用紙建造了房子，讓紙造建築不再只是紙上談兵。

　　想親身體驗紙建築的魅力嗎？來東京就對了。很少經手小型個案的坂茂大師，為擔任餐廳主廚的好友西尾大輔先生在世田谷區的寧靜社區裡，打造了名為「Vin Sante」的餐廳，這間外形簡單俐落的三層樓建築，在餐廳部分使用了紙管與木質材料，並以紙管構成的波浪形天花板為一大特色，牆上的紙管則兼具擺放葡萄酒的功能，整體空間不但寬敞舒適，木材與紙管材料也營造出清新的氛圍。此餐廳主打法式與意式料理，並擺脫高級餐廳的高冷印象，讓人能夠輕鬆自在地在充滿魅力的紙建築內享用大餐。

Vin Sante

🚇 小田急線、京王井之頭線下北澤站南口徒步約12分鐘

🏠 東京都世田谷区代沢4-39-7
　 4 Chome-39-7 Daizawa, Setagaya-ku, Tōkyō-to

☎ 03-3419-2520

🕐 （午餐時段）11：30～13：30
　 （晚餐時段）17：00～21：00

🚫 週一

🌐 http://vinsante.tokyo

📘 https://www.facebook.com/vinsante.tokyo/

🔺 中午時段也提供價格經濟又實惠的商業午餐，並有多種主菜供顧客挑選，味道偏鹹。

🔻 商業午餐包含麵包、沙拉、主餐、甜點與飲品，價格¥2000起。

左上 紙管打造的波浪形天花板極具特色,整體空間簡單俐落又舒適。

右上 利用木材與紙管打造的溫馨空間。內側可見兼具擺放葡萄酒功能的紙管牆。

下 位於寧靜住宅區的「Vin Sante」就在北澤川綠道旁。

Marini x Monteany

Hattifnatt

　　日本人氣插畫家二人組「Marini x Monteany」由野田智裕與篠崎真裕這對夫婦組成，每幅畫都由兩人共同完成，野田先生負責畫動物，篠崎小姐負責畫孩子，繽紛的用色與可愛的畫風，讓大家爭相收藏這對夫婦的繪本。不過你知道嗎？他們除了推出繪本、開發雜貨、舉辦展覽外，還在東京的高圓寺與吉祥寺兩地，開了名為「Hattifnatt」的咖啡廳呢！

　　閱讀繪本時，那繪本中的夢幻世界總是令人嚮往，而來到「Hattifnatt」的店門前，綠色牆面加上小小的一扇門，像極了森林裡的祕密小屋，打開大門走入小小的店內，彷彿進

🔼「Hattifnatt」高圓寺店外觀，像極了森林裡的祕密小屋。

🔽「Marini x Monteany」的繪本也放置在店內的各個角落。

牆上畫著繪本裡的人物與森林小夥伴，讓人彷彿闖入繪本裡的世界。

入繪本的世界，牆上畫著繪本中的可愛人物與動物小夥伴，讓人有如置身森林，如果可以，真想永遠待在這裡。

　　店內售有各式簡餐與飲品，店家貼心地在菜單上附上了相片，就算不懂日文也能看圖點餐。兩店已開店多年，至今依然門庭若市，若有計畫造訪，建議最好避開晚餐時段及假日喔！喜歡「Marini x Monteany」世界觀的朋友，快踏入繪本裡的夢幻世界吧！

Hattifnatt　高圓寺店

🚋 JR中央・總武線高圓寺站北口徒步約5分鐘

🏠 東京都杉並区高円寺北2-18-10
2 Chome-18-10 Kōenjikita Suginami-ku, Tōkyō-to

📞 03-6762-8122

🕐 （週一～週六）12：00～23：00
（週日）12：00～22：00

🚪 不定期公休

🏠 （吉祥寺店）吉祥寺站中央口徒步約5分鐘

🌐 http://www.hattifnatt.jp

🔵左 店內物品的配色與設置都經過精心安排，與圖畫融為一體。　🔵右上 店內提供焗烤、披薩、蛋糕等各式簡餐。
🔵右下 拿鐵上還有可愛的拉花，價格從¥550～¥650不等。

08 哆啦A夢

虎之門之丘

　　哆啦A夢變色了嗎？不不不，出現在虎之門之丘的這隻機器貓來自22世紀，是藤子・F・不二雄製作公司特別為虎之門之丘設計的吉祥物，名字叫作「TORANOMON」，發音與日文「虎之門」相同，它除了白色的外形外，頭上也比哆啦A夢多了一對耳朵，再加上象徵虎之門的虎紋，胖嘟嘟的身形真是可愛極了！哆啦A夢迷們一定要親眼看看。

　　這隻「TORANOMON」展示在虎之門之丘1樓，這棟大樓是一棟複合式商業大樓，有住宅、餐廳、辦公室與飯店，想購買「TORANOMON」周邊商品的人，也可以在1樓的特設販賣區買到限定商品唷！

> **虎之門之丘**
>
> 🚇 東京Metro銀座線虎之門站1號出口徒步約5分鐘／東京Metro日比谷線神谷町站3號出口徒步約6分鐘
>
> 📍 東京都港区虎ノ門1-23-1
> 1 Chome-23-1 Toranomon Minato-ku, Tōkyō-to
>
> ☎ 03-5771-9711
>
> 🕐 （餐廳）11：00～23：00
> （商店）11：00～21：00
> （TORANOMON特設販賣區）11：30～18：00
>
> 🌐 http://toranomonhills.com/zh-CHT/

🈦 來自22世紀的「TORANOMON」，身上的虎紋與大大的耳朵，可愛指數爆表。
🈪 地上52層、地下5層的「虎之門之丘」摩天大樓是東京都心再開發的象徵。

● 延伸閱讀：藤子・F・不二雄博物館

「藤子・F・不二雄博物館」因為位於神奈川縣的川崎市，因此不少人都會以為距離遙遠，但其實從新宿站搭乘小田急線到靠近博物館的「登戶站」只要15分鐘左右。到達登戶站後，再轉搭接駁車即可，前往博物館的接駁巴士每10分鐘就有1班，車程大約10分鐘，交通比想像中還要便利，哆啦A夢迷們非衝不可啊！

整座博物館除了收藏了藤子・F・不二雄逝世前共35年間的作品外，還有戶外廣場、餐廳、商店與互動區，在欣賞典藏作品之餘，還可以進入漫畫的世界，穿越任意門，或是來到經典空心水泥前與哆啦A夢一起合影。門票採預約制，可透過國內的代購網站購票，或到日本的LAWSON便利商店，透過Loppi機購票。

<table>
<tr><td colspan="2">藤子・F・不二雄博物館</td></tr>
<tr><td>交</td><td>從小田急線、JR南武線登戶站轉搭接駁巴士（接駁巴士：大人¥210／小孩¥110）</td></tr>
<tr><td>址</td><td>神奈川縣川崎市多摩区長尾2-8-1
2 Chome-8-1 Nagao Tama-ku,
Kawasaki-shi, Kanagawa-ken</td></tr>
<tr><td>電</td><td>0570-055-245</td></tr>
<tr><td>時</td><td>10：00～18：00（1天4場）</td></tr>
<tr><td>休</td><td>週二、12月30日～1月3日</td></tr>
<tr><td>費</td><td>大人¥1000／國高中生¥700／
4歲～小學生¥500</td></tr>
<tr><td>網</td><td>http://fujiko-museum.com</td></tr>
</table>

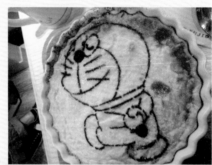

右上 這麼可愛的哆啦A夢焗飯讓人捨不得動手啊！
下 戶外廣場有許多經典場景重現，有機會與可愛的哆啦A夢同框，當然要把握。

09 村上隆大師

Bar Zingaro

「中野百老匯」是動漫公仔迷的天堂，而國際知名的流行藝術家村上隆先生所開設的主題咖啡館「Bar Zingaro」便隱身在中野百老匯的2樓，店內的裝潢與擺設不但很有味道，村上大師筆下的鮮豔小花也在此全面盛開。在這裡不但可以欣賞到大師的作品，還可以購買各式各樣的周邊商品，而小花朵朵開的可愛餐點也不容錯過，小花迷們快奔向這個花花世界吧！

Bar Zingaro

🚇 JR中央・總武線、東京Metro東西線中野站北口徒步約2分鐘

🏠 東京都中野区中野5-52-15中野ブロードウェイ2F
2F, 5 Chome-52-15 Nakano Nakano-ku, Tōkyō-to

☎ 03-5942-8382

🕐 11：00～21：00

🚫 不定期公休

🌐 http://bar-zingaro.jp

左 身穿小花T恤的村上隆大師公仔放置在店內一角。

右 小花咖啡果凍（￥500）好可愛啊！雖然奶味有點重。

越過重重公仔店的誘惑，即可來到藏身於中野百老匯2樓深處的「Bar Zingaro」。

10
岡本太郎大師

岡本太郎紀念館

　　以萬國博覽會展出的「太陽之塔」廣為人知的前衛藝術家岡本太郎大師，透過他的作品，釋放出無限的藝術能量。位於青山的「岡本太郎紀念館」是過去岡本大師實際作為住家兼工作室的場所，知名的太陽之塔及諸多畫作都是在這間工作室裡完成，因此在紀念館裡也有展出太陽之塔的模型。

　　這座紀念館座落於青山的小巷中，就像是城市裡的一座小森林一樣，庭院裡種著有如叢林般的植物，並放滿獨具岡本大師個人風格的裝置藝術。室內除了展示品外，還可以看到大師過去使用的畫室、畫具及作品，透過大師的作品可以感受到他口中那句：「藝術即為爆發！」的涵意，而這間紀念館也遵循大師的理念，任人隨意拍攝、觸摸，讓大家能夠輕鬆貼近藝術。

岡本太郎紀念館

🚇 東京Metro千代田線、銀座線、半藏門線表參道站A5出口徒步約8分鐘

📍 東京都港区南青山6-1-19
6 Chome-1-19 Minamiaoyama
Minato-ku, Tōkyō-to

📞 03-3406-0801

🕐 10：00～18：00

休 週二

💰 一般¥620／小學生¥310

🌐 http://www.taro-okamoto.or.jp

4

藝術大師在身旁

🅛 庭院四處可見大師的作品，2樓還有座迷你版的「太陽之塔」。太陽之塔有3張臉，分別代表過去、現在與未來。

🅡 岡本大師的工作室保存完整，彷彿大師依然還在這裡創作。

11
街頭藝術家

Invader

　　真實姓名不詳的法國街頭藝術家「Invader」，受到經典電子遊戲《Space Invaders》的影響，透過馬賽克作品在全球60多個城市留下「入侵」足跡，而這位飽受爭議的街頭藝術家，在東京也留下了大量作品，作品多半出現在原宿、澀谷、惠比壽一帶，某條不經意走過的小路、某個熟悉的路口、或是牆上的某個角落，都有可能出現「侵略者」的蹤跡，不知道你發現了嗎？

　　除了經典的「侵略者」圖案外，街頭藝術家「Invader」也配合日本文化，選擇了招財貓、原子小金剛、無敵鐵金剛等日本代表性圖案，這些鮮豔又逗趣的鑲嵌作品雖然令人喜愛，但因為涉及私人樓宇與合法性，所以不少作品不是被粉絲偷走，就是被人無情剷去，因此東京街頭的作品正在逐漸減少當中。喜歡「Invader」的朋友或是熱愛尋寶的人到了東京，趁這些作品還沒消失前，請睜大你的雙眼，探探這城市裡可愛的「侵略者」到底身在何處吧！

左 惠比壽的作品選擇了無敵鐵金剛作為創作元素。

右 澀谷西武百貨一帶的某面牆上，藏著「Invader」創作的招財貓呢！

左上 傳說中的「侵略者」就藏在澀谷街頭某個熟悉的地方。

右上 經典的原子小金剛就在澀谷Tower Records旁,你發現了嗎?

下2 考驗眼力的時間到了,找到「侵略者」的藏身之處了嗎?

12
漫畫家的聖地

中華料理　松葉

　　南長崎？這個地名聽起來好陌生喔！不說你可能不知道，這裡有間名叫「松葉」的中華料理店，可是日本漫畫家的聖地呢！

　　這間店鄰近手塚治虫、寺田博雄、藤子・F・不二雄、藤子不二雄Ⓐ、赤塚不二夫等漫畫大師以前居住過的公寓「常盤莊」（トキワ荘），當時尚未出名、生活困苦的漫畫家們，都愛吃松葉的招牌醬油拉麵外加白飯，這樣一個套餐（トキワ荘ラーメンライス），居然只要¥700。藤子不二雄Ⓐ甚至還把這間店畫進了他的漫畫裡喔！對幾位大師而言，這間店不只令他們懷念，也見證了他們的青春歲月。雖然南長崎這個地名聽來陌生，但其實離池袋非常近，搭乘西武池袋線從池袋站出發，只坐1站即可到達鄰近此店的「椎名町站」唷！

松葉

🚃 西武池袋線椎名町站南口徒步約11分鐘／都營地下鐵大江戶線落合南長崎站A2出口徒步約8分鐘

🏠 東京都豊島区南長崎3-4-11
　　3 Chome-4-11 Minaminagasaki Toshima-ku, Tōkyō-to

☎ 03-3951-8394

🕐 11：00～15：00／16：00～20：30

🛌 週一（如遇國定假日則照常營業）

🌐 https://www.facebook.com/pages/味自慢-中華食堂-松葉/190586401012171

🔼 黃底紅字的招牌相當醒目，門前掛的漫畫出自藤子不二雄Ⓐ的《漫畫之道》（まんが道），證明「松葉」與漫畫家們淵緣頗深。

🔘 大師們以前最愛點的醬油拉麵加飯，至今仍保留了傳統風味。此店還有寺田博雄大師開發的「燒酒特調」（チューダー¥350）可點，甜甜的很好喝呢！

🔽 常盤莊遊客服務中心裡收藏了幾位大師的作品，除了重現常盤莊的老大哥寺田博雄大師的房間外，還不定期推出特展。

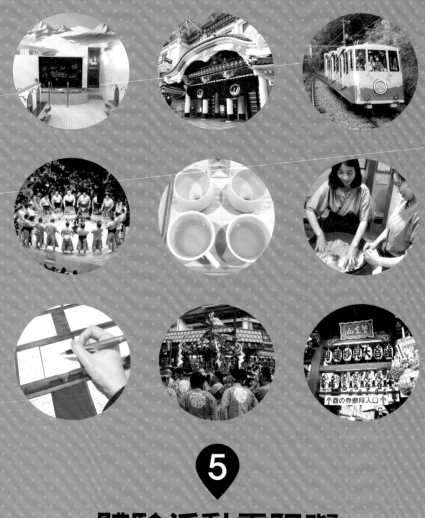

5

體驗活動零阻礙

　　想為旅程創造一些不一樣的回憶？想把握機會深入日本文化？快跟日本人一起泡錢湯、看相撲，一起品嚐日本茶、一起製作蕎麥麵，一起參加熱鬧的祭典……，透過各式各樣的體驗活動，寫下回味無窮的東京旅人日記吧！

01
錢湯

來去東京泡錢湯

　　「錢湯」就是所謂的大眾澡堂，對於喜愛泡澡的日本人而言是很重要的場所，除了能消除一身疲勞，也是閒話家常的交誼廳，對於居住在擁擠城市裡的上班族而言，錢湯簡直就像解放自我的天堂一樣。入夜後，大家就會拎著自己慣用的沐浴籃與衣物到錢湯報到，近期更因為湯客的回流，也讓許多老舊的錢湯紛紛換上新裝，積極發展錢湯文化。到了東京打開飯店浴室的門，被小到不行的浴缸給嚇了一跳嗎？快搜尋一下飯店附近是否有錢湯吧！這麼一來不但能體驗日本庶民文化，還能享受那兼具氣泡式按摩功能的寬敞浴池，絕對會讓你讚不絕口。

富士山與鯉魚

　　澡堂的牆上時常可見美麗的富士山壁畫，一開始其實是神田一間名為「KIKAIYU」的錢湯為了讓孩子們喜歡來錢湯，而想到在男湯畫上富士山的點子，女湯畫的則是孩子們喜歡的汽車與電車，雖然「KIKAIYU」現在已不存

來去澡堂泡澡囉！

出自田中水木小姐之手的富士山壁畫。氣泡式按摩浴池，泡起湯來超舒服。（錢湯內未經允許禁止攝影）。

118

錢湯門前經常可見「ゆ」（YU）字，「ゆ」等於湯，也就是熱水之意，那麼偶爾會看到的「わ」（WA）呢？則代表「熱水燒好了，可以來囉」之意。

在，但這個點子不但在當時造成轟動，此文化也一直流傳到現在。除了富士山之外，也常出現鯉魚圖案，因鯉魚的日文發音與「來」相同，因此含有生意興隆的吉祥之意。目前日本僅存的錢湯壁畫師只有3位，分別是已年屆7、80歲的中島盛夫先生與丸山清人先生，還有中島盛夫先生的傳人田中水木小姐，出現在電影《羅馬浴場》（テルマエ・ロマエ）中的壁畫就是出自丸山清人先生之手。

東京錢湯哪裡找？

東京23區內目前仍保有500多家的錢湯，就連銀座、池袋等熱門去處的巷內都有，東京錢湯的公定價是大人1人¥460（中學生¥350／小學生¥180／幼童¥80）。要找錢湯一點都不難，可上「TOKYO SENTO」網站（http://tokyosento.com）查詢。

上 東京不少錢湯仍維持以前的模樣，在這樣的地方泡澡，是不是很有味道呢？

下 在以前那個飲料選擇不多的年代，泡澡後一定要來一罐玻璃瓶裝的牛奶，以補充水分與元氣。

◉ 注意事項

1. 基本上不提供浴巾、毛巾、洗髮沐浴用品，因此必須自備或在現場購買。

2. 有刺青者必須先詢問該澡堂是否禁止刺青者進入。

3. 最好攜帶沐浴球等清潔用品徹底清洗，來大眾澡堂個人衛生一定要做好。

4. 使用臉盆及椅子前必須先沖水，用完後也要沖洗乾淨並歸位。

5. 長髮者進入浴池前需將頭髮綁起來或戴浴帽，以免頭髮掉落，影響衛生。

6. 澡堂為裸體共浴，不可穿著衣物或泳衣，可攜帶小毛巾，但不可放入浴池。

7. 錢湯內禁止攝影。

8. 飲酒後請勿泡澡。

9. 離開澡堂務必擦乾身體再進入更衣室，若不小心將地板弄濕，也請務必擦乾。

02
歌舞伎

銀座歌舞伎座

　　歌舞伎擁有超過400年的歷史，是日本代表性的傳統文化之一，也是日本獨特的舞台藝術，從未接觸過的人若對歌舞伎有興趣，可造訪東京銀座的「歌舞伎座」。這座劇場擁有120年以上的歷史，雖然幾經重建，但仍保留桃山時代的華麗外觀。現在的歌舞伎座不但變得更寬敞舒適，4樓也設有「一幕見席」（僅能觀賞單幕表演的座位），後方還有29層樓高的「歌舞伎座塔樓」，成為銀座的新地標。

銀座歌舞伎座

🚇 東京Metro日比谷線、都營淺草線東銀座站3號出口直達／東京Metro銀座線、丸之內線、日比谷線銀座站A7出口徒步約5分鐘

📍 東京都中央区銀座4-12-15

☎ 03-3545-6800

🕐 依公演而異
（歌舞伎座藝術迴廊營業時間請參考：http://www.kabuki-za.co.jp/img_cms/180214gk.pdf）

🈺 不定期公休

🌐 https://www.kabukiweb.net

氣派的銀座「歌舞伎座」，後方是樓高29層的「歌舞伎座塔樓」。

快找找！找到就能得到幸福！

在這當中只有一隻鳳凰朝往不同方向，
據說只要找到這隻鳳凰就能得到幸福喔！快去找找吧！

歌舞伎小知識

歌舞伎的故事內容以古代日本為背景，演員臉上畫的妝叫作「隈取」（くまどり），主要使用的色彩有3種，紅色代表正義一方，藍色代表邪惡角色，茶色則多半為妖魔鬼怪。演變至今所有角色皆由男生扮演，就連女性角色也是一樣。此外，觀戲時也許會聽見觀眾喊出「OO屋」（日文發音：OOYA）等呼聲，這些觀眾並不是來鬧場的喔（笑），這種呼聲稱為「掛聲」（かけごえ），是為了炒熱氣氛而喊，但時機非常難抓，通常都是對歌舞伎非常熟悉的老觀眾在喊，不熟悉的話千萬別嘗試。

一幕見席

語言不通又想了解故事內容的話，可租借英文字幕機（1台¥1000）。不過整個表演全部看完通常需要花4～5小時的時間，想接觸歌舞伎又不知從何下手的人，只看單幕的「一幕見席」是最佳選擇。一幕的時間大概在1～2小時左右，價格依幕次而異，大約在¥1、2000左右，非常適合初次接觸的人。不過一幕見席因無法預約，必須當天到劇場購買，所以為避免買不到票，最好提早到劇場喔！至於沒時間欣賞表演的人，也可以透過後方歌舞伎座塔樓的體驗設施，親自感受歌舞伎的魅力唷！

⬆ 從連接4樓與5樓的「五右衛門樓梯」望去，可清楚看到歌舞伎座的座徽「鳳凰丸」瓦。

⬇ 一幕見席的售票口位於1樓正對大門的左方，票口會擺出告示牌，告知現在販售哪一時段、哪一幕的「一幕見席」及票價。

⬇ 位於4樓的「一幕見席」是體驗歌舞伎的入門班。

03
登山

Hi!
我是天狗

喜歡親近大自然的人，快投入高尾山的懷抱吧！據說鼻子長長、法力無邊的天狗就住在這座山裡，因此流傳許多天狗傳說。高尾山交通便利、容易親近，從新宿或澀谷站搭乘京王電鐵就能直達登山口，而且沿途還備有完善的登山道及多條登山路線可選，不論是登山高手或新手都能挑戰。春天賞櫻、夏天賞綠、秋天賞楓、冬天則有機會觀賞到神祕的鑽石富士，一年四季都有不同的風景。

抵達京王線高尾山口站後，走路大約5分鐘即可到達登山口，此時有3種登山方式可選：（1）徒步45分鐘，爬到山上的纜車站。（2）乘坐登山纜車，從清瀧站坐到高尾山站。（3）乘坐登山吊椅，從山麓站坐到山上站。通常一般遊客都會選擇搭乘登山纜車或登山吊椅，因為後面還要走一段路才

高尾山

🚃 京王線高尾山口站轉搭登山纜車、登山吊椅或徒步上山
（登山纜車、登山吊椅）
單程：大人￥480／小孩￥240
來回：大人￥930／小孩￥460

📍 東京都八王子市高尾町2176
2176 Takaomachi Hachiōji-shi, Tōkyō-to

📞 042-643-3115

🕐 （登山纜車）8：00～日落
（登山吊椅）5月～11月9：00～16：30
12月～4月9：00～16：00

📝 高尾山套票：京王線、井之頭線各站－高尾山口的來回車票＋登山纜車或登山吊椅來回票（https://www.keio.co.jp/chinese_t/tickets/discount.html）。

🌐 https://www.hkc.or.jp

高尾山是日本知名的賞楓聖地，每年秋天吸引大批民眾來此賞楓。

左上 可愛的登山纜車，車身上還畫著漂亮的楓葉。

右上 天狗是高尾山的象徵，因此沿途四處可見天狗像或天狗的相關圖案。

左下 冰淇淋也是登山必吃的「精神糧食」之一，補充完體力就可以繼續上路啦！

中下 高尾山的烤丸子也很有名，上面塗著甜甜鹹鹹的味噌醬油。

右下 想美夢成真嗎？快跟著大家排隊。邊許願邊穿過圓形石洞後，只要用前方的大錫杖敲出聲音就能美夢成真。敲的時候，別忘了默唸自己家裡的地址與姓名唷！

會到達山頂，為了走更長遠的路，先保留一些體力才是明智之舉。

準備從高尾山站或山上站朝山頂邁進了嗎？初次來到此寶山的人，建議選擇1號路線，此路線沿途都是鋪好的道路，設有洗手間與攤販，只要有點腳力，應該都能戰勝。路上會先經過樹齡據說有400多年的開運章魚樹，捲曲的樹根像極了章魚，接著大約走2、30分鐘會遇到擁有千年歷史的藥王院，來到這裡

要恭喜你已經爬到一半啦！先在歷史悠久的藥王院參拜，請神明保佑旅途平安，接著只要再走20分鐘就能抵達山頂囉！群山環繞的美麗景象盡收眼底，天氣晴朗的話還能望見富士山唷！

天狗注意

5

體驗活動零阻礙

123

04
相撲

來去兩國看「大相撲」

　　相撲是日本國技，全世界只有日本有職業相撲比賽，稱作「大相撲」，於每年的奇數月舉行，1年6次，每次為期15天，東京場的賽事在1月初、5月與9月。歷史悠久的日本相撲，早期是日本神道中感謝神明的重要儀式，並於江戶時代出現職業相撲力士，雖曾一度遭逢衰亡的危機，所幸後來日本經濟復甦，讓「大相撲」出現生機，並從皇宮走入民間。

　　1年3次於東京舉行的「大相撲」，地點位於東京的「兩國國技館」，觀眾席分為2種，一種是「自由席」，一種是「指定席與包廂」，而價格方面，離「土俵」（相撲比賽的擂台）愈近就愈貴，可透過「日本相撲協會的官方購票網站」購票（有英文版）。通常門票一開賣隨即銷售一空，因此最好在開賣第一天就上網搶票，或是早上8點到現場購票，不過遇到熱門的比賽，有人甚至會從凌晨就開始排隊，因此為了避免打亂行程，還是預先購票比較保險。比賽基本上從早上一直舉行到晚上，一張門票可從早看到晚，先由位階較低的「幕下」力士

兩國國技館

🚇 JR總武線兩國站西口徒步約2分鐘／都營大江戶線兩國站A4
出口徒步約3分鐘

🏠 東京都墨田区橫網1-3-28
1 Chome-3-28 Yokoami Sumida-ku, Tōkyō-to

☎ 03-3623-5111

🌐 http://sumo.pia.jp/en/

🔺 走出JR兩國站西口即可看到兩國最具代表性的「相撲」雕塑。

🔹 相撲力士比賽的擂台叫作「土俵」，圖中央的裁判稱為「行司」。

🔻 使對手的腳踏出土俵、使對手手腳以外的身體部位接觸到地面或對方違反規則就算獲勝。

來兩國必吃！

體驗活動零阻礙

（左）「伊勢濱部屋」相撲鍋使用的食材。雞肉丸子得自己動手做。

（右）本以為會很濃郁的相撲鍋，沒想到清爽極了，滿滿一大鍋，含有豐富營養。

打頭陣，到了下午2點左右，包含位階最高的「橫綱」在內，實力雄厚的「幕內」力士們一一登場，現場氣氛也會變得非常熱烈，絕對值得親臨感受。

相撲鍋

　　說起相撲，就不能不提到「相撲鍋」。本來為了培養力士體格而研發的相撲鍋，內含大量蛋白質與膠質，並配上大量蔬菜，營養豐富。由於力士們必須維持體形，所以飲食對他們而言十分重要，如此大分量的相撲鍋，力士們可一人吃下一鍋。別以為那大噸位的身材是贅肉，力士身上可都是結結實實、如假包換的肌肉喔！

　　若要品嚐相撲鍋，來兩國準沒錯。位於兩國站旁的「安美」，可以嚐到不外傳的「伊勢濱部屋相撲鍋」（伊勢ヶ濱部屋ちゃんこ¥2200），這鍋裡放滿了美味的雞肉丸子和大量蔬菜，十分豐富。原以為相撲鍋味道會很濃，但這以醬油為底的湯頭，味道香醇又清爽，一點都不油膩，跟想像中的相撲鍋完全不同。基本上享用時不沾醬，食材看似簡單，但實際上分量十足。吃完火鍋若肚子還有空間，也別忘了用留在鍋中的精華煮個粥喔！

安美　兩國總店

🚇 JR總武線兩國站東口徒步約1分鐘／都營大江戶線兩國站A4出口徒步約4分鐘

🏠 東京都墨田区両国3-26-6伸和ビル2F
2F, 3 Chome-26-6 Ryōgoku Sumida-ku, Tōkyō-to

☎ 03-5669-1570

🕐 11：00～凌晨2：00
（午餐時段11：00～14：00）

📅 全年無休

🌐 https://sakanaya-group.com/05ami/01ryougoku/main.html

05
日本茶

東京茶寮

　　許多人對日本茶都很感興趣,不過隨口一句的「日本茶」,種類也分成很多種,什麼樣的茶是什麼樣的味道?又該怎麼沖泡呢?想多了解日本茶的人,快來一趟三軒茶屋的「東京茶寮」吧!

　　這間店距離三軒茶屋站走路約7分鐘,整體設計簡約又雅緻,一共只有9個座位。茶寮從日本各地精選出各地好茶,菜單中除了茶泡飯與點心外,最棒的是還有一次能比較2種煎茶的套餐。選擇此套餐的人,可先透過茶單上的圖表,了解每支茶偏向什麼樣的風味,而茶單也會列出產地,因此也可以依產地去選擇。不懂日文也沒關係,店家也備有英文菜單及英文說明喔!

東京茶寮

- 東急田園都市線三軒茶屋站南口B徒步約7分鐘
- 東京都世田谷区上馬1-34-15
  1 Chome-34-15 Kamiuma Setagaya-ku, Tōkyō-to
- (平日)13:00〜20:00
  (六日、日本國定假日)11:00〜20:00
- 週一
- http://www.tokyosaryo.jp

簡約又低調的外觀。內部只有9張座位,因此可在此靜靜享受品茗之趣。

喝完喜歡再買!

從日本各地精選而來的好茶。除了茶葉外,店內也販售玄米、茶具等各種茶藝用品。

焙煎の香りに甘くどっしりとした味わいが相
性抜群。
どこか垢抜けないところが飲みやすくて美味
しい。

❶ 選擇「雙煎茶比較套餐」（煎茶2種飲み比べ＋お茶菓
子¥1300）的話，選完茶後會拿到2張小卡，可透過上
面的QR CODE了解該茶的特性。掃完QR CODE會出
現該茶的相關介紹。

❷ 透過第一泡與第二泡比較2種茶的風味。買了茶葉回家，
只要依照店裡的沖法沖製即可（官網也有英文解說）。

❸ 最後一泡會加入玄米，煎茶加上玄米，味道相當醇和，
我自己也忍不住買了一包。

第一泡

第二泡

最後加
入玄米

　　從約7、8種日本茶中選出2支自己喜歡
的茶後，店員會在為顧客準備好的木板上
插上2張卡片，卡片上標的是自己挑選的那
2支茶，掃取卡上的QR CODE便能得知那
支茶的特性以及接近的茶香。附餐的甜點並
無固定搭配，但絕對對味。待店員送上甜點
後，就準備開始品茶啦！第一泡店員先以
70度的水去沖，第二泡則換成80度的水去
沖，因此不僅可以喝到2種茶不同的風味，
還能感受茶味變化，而到了第三泡，也就是
最後一泡時，店員會在裡面加入玄米，加入
玄米的茶又是另一種風味，非常適合作為結
尾。品完茶若是喜歡的話，還可以直接把茶
葉買回家喔！

5

體驗活動零阻礙

蕎麥麵

06

在日本有一個「東蕎麥，西烏龍」的説法，意思是去關西要吃烏龍麵，而來到位於關東地區的東京，當然要吃蕎麥麵啦！但是否很多人吃完蕎麥麵之後，對蕎麥麵都無感呢？過去我也是其中一人，以前實在無法了解蕎麥麵到底哪裡好吃，就算很多朋友都説蕎麥麵熱量低、營養價值非常高，依然不曾挑起我的欲望，不過某次參加了「手打蕎麥麵體驗課程」後，讓我對蕎麥麵徹底改觀，忍不住驚呼：「天啊！我過去到底吃了什麼？這才是蕎麥麵啊！」

「手打蕎麥麵體驗課程」在一間名為「YANAKA」（手打ち蕎麦やなか）的蕎麥麵專賣店進行，這間店由夫婦共同經營，體驗課程採小班制，從混合蕎麥粉、揉麵、桿麵到切麵都可以親自參與，師傅會在一旁親自解説每一個步驟，師傅的太太也會從旁協助並幫忙拍照、記

⬆「YANAKA」蕎麥麵專賣店位於根津車站附近，此體驗課程也很適合安排到「谷根千」一日遊裡。

⬇ 做好了就可以開始享用自己做的蕎麥麵啦！多加¥900會附天婦羅、手工蕎麥豆腐與手工蕎麥冰淇淋唷！

● 手打蕎麥麵體驗過程

❶ 課程採小班制，2～3人一組，可以學習到許多蕎麥麵的相關知識與製作技巧。

❷ 從混合開始進行，連手指的姿勢、混合的動作都會一一指導。

❸ 必須利用一些技巧，才能揉出漂亮的三角錐。

錄。不懂日文的話，也可透過「YANESEN」觀光中心預約，請英文翻譯一同隨行。

透過這次的體驗，才了解到一般大街小巷常見的咖啡色蕎麥麵，原來是因為保留了外殼等雜質，才會呈咖啡色。真正講究的蕎麥麵，會將顆粒研磨至極，混合的比例也會隨季節或氣候改變，100%使用蕎麥粉製成的叫「十割蕎麥麵」，蕎麥粉與麵粉的比例為9：1的叫作「九割蕎麥麵」，而「二八蕎麥麵」則代表混合了八成的蕎麥粉，這樣的麵條顏色會接近白色而非咖啡色，口感也比較軟，當然風味與咖啡色的蕎麥麵也截然不同。

在體驗的過程中，不但感受到蕎麥麵蘊藏的學問，也體驗到自己動手做的樂趣，那些看似容易的步驟，其實一點也不簡單，一不小心就會讓自己的麵皮變得坑坑巴巴，麵條也切得有粗有細，跟師傅的成品比較起來實在是天壤之別，不過就算失敗也是體驗的樂趣之一。完成之後，店家會將做好的蕎麥麵煮好端到面前，吃著自己做的蕎麥麵，那成就感實在無法言喻，沒親手做過的人一定要來試試。

YANAKA

- 🚇 東京Metro千代田線根津站2號出口徒步約4分鐘
- 🏠 東京都台東區1-1-18
  1 Chome-1-18 Yanaka, Taitō-ku, Tōkyō-to
- 📞 03-3828-5333
- 🕐 11：30～15：00／17：30～20：00
- 🛑 週四
- 💰 「手打蕎麥麵體驗課程」（そば打ち体験と蕎麦の試食）1人¥4000（再加¥900，附天婦羅、手工蕎麥豆腐、手工蕎麥冰淇淋）
- 📋 體驗課程2～3人一組
- 🌐 （YANAKA蕎麥麵專賣店）
  http://www.yanaka-soba.com/taiken.html
  （YANESEN觀光中心）
  http://www.ti-yanesen.jp/japanculture/蕎麦打ち体験.html

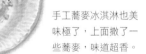

手工蕎麥冰淇淋也美味極了，上面撒了一些蕎麥，味道超香。

❹ 接著要桿出均勻的厚度，這個時候一不小心就會在表面戳出洞來。

❺ 非常認真地在切麵，看似簡單，但實際上要切出一致的粗細超難。

左側師傅切的麵條整齊劃一，跟右側我們切的麵條相比，差別一目瞭然。

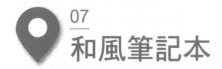

07
和風筆記本

Kakimori（カキモリ）

　　想擁有一本專屬於己、充滿濃濃和風氣息的筆記本嗎？來到藏前的「Kakimori」（カキモリ）就能實現這個願望。藏前這個地方雖然不是熱門的觀光區，但聚集了許多從事手工製作的達人，近年來獨具個性的商家、咖啡店紛紛進駐，讓這個寧靜的小區變成了文青聚集之地，「Kakimori」（カキモリ）正是其一。

　　這間專門客製個人筆記本的店家，從筆記本的大小、封面封底、內頁、夾層、扣環全部都能自己選擇（費用¥800起），而且每個環節的選擇性都很豐富，形形色色的封面典雅又時尚，內頁對於紙張的品質也十分講究，甚至還設置了試寫區，不知道該選擇什麼樣的內頁，先試了再說。當然，一本好的筆記本也必須配上一支好筆！店家連這些好筆也通通為大家準備好了，除了能在店內選購自己想

Kakimori（カキモリ）
- 都營淺草線藏前站A3出口徒步約3分鐘／都營大江戶線藏前站A6出口徒步約5分鐘
- 東京都台東区蔵前4-20-12クラマエビル1F
  1F, 4 Chome-20-12 Kuramae, Taitō-ku, Tōkyō-to
- 050-1744-8547
- 11：00～19：00
- 週一（如遇日本國定假日則照常營業）
- http://kakimori.com/retailer

寬敞的店內空間。中央是工作台與結帳區，有任何細節上的問題都可以詢問工作人員。

隱身於寧靜藏前小區內的「Kakimori」，近年來掀起一股筆記本製作風潮。

◉ 訂製專屬筆記本請你跟我這樣做！

❶ 首先請先拿起一個長形平盤，接著就可以開始挑選封面、封底與內頁啦！

❷ 一格一格的格子裡放滿形形色色的封面、封底與內頁，尺寸有B5與B6這2種，可選擇直放、也可橫置。

❸ 內頁部分可選擇3～4種，若想了解紙質，可先到後方的試寫區試摸、試寫，看不懂日文說明也可以看一下旁邊的圖示，每種紙適用的筆都不太一樣。

❹ 內頁中可選擇要不要放入夾層、月曆、夾頁口袋等。

❺ 最後再選擇裝訂的方式即可。筆記本的線圈不只一色；扣環、鬆緊帶或L形金屬護角（2個1組）為自選項目。

❻ 全部都挑好之後，就可以去找工作人員報到啦！等待時間依現場情況而異，若等待時間較長，店員也會附上一張附近的咖啡店介紹。

❼ 旅人必備的美美和風筆記本完成啦！喜歡蓋紀念章的旅人們記得選購空白內頁唷！

要的筆之外，也可以自己調配墨水（1瓶¥2700），創造自己心目中最完美的色彩。

身為一位旅人，怎麼能少了一本可以隨心所欲、自由撰寫的專屬筆記本呢？尤其是來到東京，各地都有充滿紀念性的可愛紀念章可蓋，伴隨著各種回憶的票券與記錄也需要好好收藏，快趁這個機會訂製一本自己的旅遊日誌，帶著它環遊全世界吧！

PS. 筆記本使用過後，也可以保留心愛的封面，到店裡更換內頁喔！（費用另計。）

08
傳統祭典

淺草神社　三社祭

- 🚇 東京Metro銀座線淺草站1號出口徒步7分鐘／都營淺草線淺草站A4出口徒步約7分鐘
- 📍 東京都台東区浅草2-3-1
  2 Chome-3-1 Asakusa, Taitō-ku, Tōkyō-to
- ☎ 03-3841-2020
- 🌐 https://www.asakusajinja.jp/sanjamatsuri/about/

三社祭

　　每年5月第3週的週五、六、日於淺草舉辦的「三社祭」，有700年以上的歷史，號稱東京最大規模的祭典，每年到了這個時候，成千上萬的遊客就會一同湧入淺草神社一帶。

　　為期3天的三社祭中，最吸引人的要屬第2天的「町內神輿連合渡御」，簡單來說就是淺草地區百座神輿聯合繞境之意。當地人深信神輿搖晃的愈劇烈，愈能大振神威，因此這一天裡，能看到各町的町民抬著町內神輿邊吆喝、邊在街上繞境的熱鬧景象。抬轎手有男有女，甚至還可以看到外國人一起參與，若想觀看這充滿魄力的景象，一定要把握第2天中午以後的時間。

　　而三社祭的最終日，一大清早就會開始進行淺草神社3座本社神輿的繞境活動。這3座神輿非常華麗也非常沉重，至少要50人才能抬起，因此可看到神輿被眾人簇擁的壯觀畫面。整個繞境活動會從早上一直進行到晚上，為夏天揭開序幕。

唯有這個時候才能看到神輿繞境的熱鬧景象。由於抬轎過程十分激烈，千萬要注意自身安全，也不要為了拍照而影響到抬轎人員喔！

在三社祭舉辦期間為了讓神輿順利通過，會看到把淺草代表性雷門大燈籠摺起的罕見景象。

雷門大燈籠收起來了！

下町七夕祭

　　與大型祭典相比，下町老街的小型祭典洋溢著不太一樣的氛圍，這樣的祭典多半由地方商店街舉辦，讓人有機會深入當地生活與地方特色，以著名的道具街——合羽橋所舉辦的「下町七夕祭」為例，整體規模雖然不算大，但反而給人一種親切感。

　　合羽橋的「下町七夕祭」一般都會辦在7月7日前後，為期5天左右，整條商店街會裝飾五彩繽紛的七夕裝飾，天氣好的話還能遠望晴空塔。商店街沿途設有小細竹供民眾許願，日本人習慣在七夕將願望寫在長方形的色紙上，接著綁在小細竹上祈求美夢成真，看到的話不如入境隨俗，跟著大家一起許下心願吧！

合羽橋　下町七夕祭

- 筑波快線淺草站A2出口徒步約5分鐘／東京Metro銀座線田原町站3號出口徒步約5分鐘
- 東京都台東区松谷3-18-2
  3 Chome-18-2 Matsugaya, Taitō-ku, Tōkyō-to
- 03-3841-5916
- http://shitamachi-tanabata.com

祭典中當然少不了能讓人找回童心的遊戲攤位啦！

期望美夢成真

左上 左右兩旁懸掛著五彩繽紛的七夕裝飾，遠遠地還可望見晴空塔。

左下 不少抽獎贈品送的都是合羽橋的象徵，也就是可愛的「河童」。

右 小細竹上掛滿大家的心願，大家也一起來許願吧！

酉之市

外國人對「酉之市」好像有些陌生，這個祭典於每年11月舉行，基本上每年有2次，有時甚至3次，並以一之酉、二之酉、三之酉的名稱作為區別。「酉」指的是天干地支組合中的酉日，以12天為一個循環，因此一個月中通常有2、3個酉日，而酉之市指的就是在酉日舉辦的祭典兼廟會，販賣招財進寶必備的「熊手」，因此這個祭典可是祈求開運招福、生意興隆必去的祭典唷！

東京有三大酉之市，其中之一是在距離淺草寺徒步約15分鐘的「淺草鷲神社」所舉辦的酉之市，不但規模最大，據說鷲神社也是酉之市的發祥之地。大家來到酉之市除了參拜之外，還有一個很大的目的，那就是購買象徵吉祥之意的「熊手」啦！日本人相信熊手可以招福又招財，因此除了會擺放招財貓外，有些店家也會放置熊手。熊手上裝飾著各式各樣五彩繽紛的金銀財寶與吉祥物，尺寸有大有小，並沒有一定的價格，必須與老闆講價，從幾萬到幾百萬日幣都有可能。若只想要留作紀念的話，也可以選擇迷你版的熊手，把福氣帶回家。

🔼 「淺草鷲神社」的參拜入口，一旁放著又大又華麗的熊手。

🔘 吉祥的熊手，可招福又招財。快把福氣通通抓進來。

🔽 遇到烤香魚攤的話，一定要停下腳步，日本攤販的烤香魚好吃極啦！路過千萬別錯過。

淺草鷲神社　酉之市

🚉 東京Metro日比谷線入谷站3號出口徒步約7分鐘

📍 東京都台東区千束3-18-7
　　3 Chome-18-7 Senzoku, Taitō-ku, Tōkyō-to

☎ 03-3876-0010

📝 （酉之市舉辦時間）http://www.otorisama.or.jp/kotoshi.html

🌐 http://www.otorisama.or.jp/english.html

6

定好主題 LET'S GO

　　讓我們一起去舊書街添購雜貨、讓我們一起去老街坐時光機回到過去，讓我們一起搭著叮叮電車在東京小區悠遊，讓我們到東京校園挖掘校園之寶，接著再到求財、求子、求姻緣、求學業的各大神社，祈求神明助我們一臂之力吧！

01
目標明確派

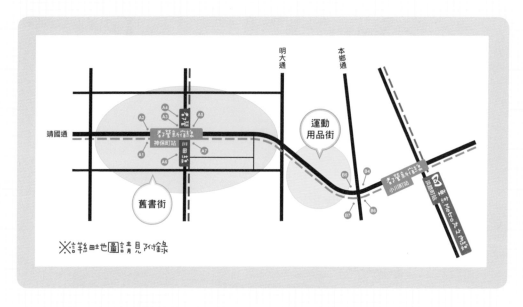

明大通
本鄉通
運動
用品街
靖國通
舊書街

名營新宿線
神保町站
A3
A2 A5
A1 A7
A6
B5 B4
B6
B7 B8
都營Metro丸之內線
岩波書店
名營新宿線
小川町站

※詳細地圖請見附錄

小川町體育用品街

　　「小川町體育用品街」從神谷町舊
書街順著靖國通延伸而出，一路連接到
小川町站，匯集了30多間體育用品店。
在這之中除了綜合體育用品店外，還有
高爾夫球用品專賣店、戶外活動用品專
賣店等，想要購買運動服、運動鞋、登
山用品、野營道具，來這就對了。

　　店家琳瑯滿目的商品有新也有舊，
有些過季商品的折扣超低，想要挖寶的
人絕不能錯過，尤其是近年來滑雪風氣
愈來愈盛，滑雪初學者若要備齊一整套
滑雪用品，實在有點傷荷包啊！那麼請
專攻專賣店的特價區吧！就算是過季商

小川町體育用品街
🚇 都營新宿線小川町站B5、B7出口
🌐 http://www.sports-kanda.com

整條小川町體育用品街聚集了慢跑、高爾夫、滑雪等
各類運動的體育用品專賣店，並推出各種折扣商品。

品，品質也一樣優質，而且選擇也不少。不過若對商品價格沒有概念的人，最好還是在行前稍微做點功課喔！因為這裡的商品多到驚人，若沒概念的話，可能會不知從何下手或比價！此外，有些店家雖未提供退稅服務，但加入會員的話折扣甚至比退稅還划算，因此購買前一定要確認該店有什麼樣的優惠喔！

🔼 近年來掀起滑雪風潮，在國內買不到滿意的滑雪用品嗎？快來小川町選購。

🔽 除了滑雪裝之外，各種滑雪用品應有盡有，不怕沒得挑，只怕挑不完。

神保町舊書街

洋溢著書卷氣息的「神保町」，在一般人眼裡也許只留下舊書街的印象，但其實這一帶不只有各式各樣的書籍，還有五花八門、充滿個性的雜貨文具店呢！自肥也好、送禮也好，歡迎來神保町挖寶。

神保町舊書街是全世界最大的舊書店街，歷史不但非常悠久，許多日本大型出版社的總公司也設立於此。從日文書、雜誌、繪本到外文書，這裡座落了上百家舊書店。在這之中也有不少專業領域的專賣店，例如絕版書專賣店、漫畫專賣店、建築書籍專賣店等，而那復古的建築也吸引不少民眾、甚至劇組來此取景呢。「magnif」則是一間過期雜誌專賣店，想要尋找靈感或時尚創意的人，經常來此店挖寶。每年10月左右這裡還會舉辦「神田舊書節」（神田古本祭り），整條街道不但會被滿滿的書山包圍，也會舉辦各種特賣活動，書蟲們非去不可。

神保町舊書街

🚇 都營三田線、新宿線、東京Metro半藏門線神保町站A1出口

🌐 http://jimbou.info

矢口書店

📍 千代田区神田神保町2-5-1

🕐 10：00～18：30；週五、週六～19：00

🈺 跨年期間

有百年歷史的「矢口書店」是神保町的地標。專門收集戲劇相關書籍與劇本。

雖然神保町與舊書街幾乎換上等號，但這些書店真的就只有書好看嗎？當然不是啦！其實神保町的書店是個隱藏版的雜貨寶地呢！接下來就讓我來一一介紹各個書店裡到底藏了什麼寶吧。

神保町ICHINOICHI（神保町いちのいち）

位於三省堂書店內的「神保町ICHINOICHI」是三省堂書店旗下的雜貨品牌，也是添購伴手禮的好地方，這間店裡匯集了各式各樣的日本雜貨與精品，空間雖然不大，但麻雀雖小五臟俱全，商品豐富又精緻。回國前若想挑選精品類的商品作為伴手禮，相信這裡會是個好選擇。

神保町ICHINOICHI

- 🚇 都營三田線、新宿線、東京Metro半藏門線神保町站A7出口徒步約2分鐘
- 🏠 東京都千代田区神田神保町1-1（三省堂書店內）
  1 Chome-1 Kanda Jinbōchō, Chiyoda-ku, Tōkyō-to
- ☎ 03-3233-0285
- 🕙 10：00～20：00
- 🈺 全年無休
- 🌐 https://ichinoichi.books-sanseido.jp/about

📌 説到蜂蜜蛋糕，大部分的日本人都會立即想到「文明堂」，這裡也有販售文明堂蜂蜜蛋糕的復古包裝（1包2片¥250＋税）。

📌 日本傳統木偶做成了哆啦美造型（¥4000＋税），既典雅又特別。

精選日系雜貨

📌 東京站地下1樓也有分店唷（靠近簡稱丸大樓的丸之內大樓）！

📌 小小的空間裡擺放著各式各樣精緻又實用的雜貨，每一個角落都不能錯過。

文房堂

　　包含地上7層、地下1層的「文房堂」，有1百多年的歷史，**是日本第一家自行開發、販售專業油畫相關用品的專賣店**。在這裡不但可以買到文房堂的原創商品，3樓還有文房堂的「Gallery Café」，4樓則是藝廊，並設有美術學校。若你是雜貨迷，一定要關注文房堂不定期舉辦的主題雜貨特賣會，以及各式精選貓咪雜貨，美術用品專賣店眼光獨道的品味，絕對無庸置疑。

文房堂

- 🚇 都營三田線、新宿線、東京Metro半藏門線神保町站A7出口徒步約2分鐘
- 🏠 東京都千代田区神田神保町1-21-1
  1 Chome-21-1 Kanda Jinbōchō, Chiyoda-ku, Tōkyō-to
- ☎ 03-3291-3441
- 🕙 10：00～19：30
- 🈺 跨年期間
- 🌐 http://www.bumpodo.co.jp

貓咪雜貨王國

🔼「文房堂」歷史悠久的建築，還曾獲得「都市景觀賞」。

🔽 此店每年都會舉辦貓咪雜貨特賣會，貓迷們失心瘋的機會來啦！

BOOK HOUSE CAFE

　　「BOOK HOUSE CAFE」是一間童書專賣店，童書與繪本的種類不但豐富又齊全，分類也讓人一目瞭然，最棒的是這間店會將童書與相關雜貨放置在一起，在選購童書之餘，也可以順便挑選可愛的雜貨。店內還備有3處用餐區，並提供飲品與簡餐，因此買完書後，可以舒舒服服地坐在店內閱讀。

童書雜貨寶庫

邊逛童書、還可以邊挑雜貨，日本的童書多元又有趣。

BOOK HOUSE CAFE

- 🚇 都營三田線、新宿線、東京Metro半藏門線神保町站A1出口徒步約1分鐘
- 🏠 東京都千代田区神田神保町2-5北沢ビル1F
  1F, 2 Chome-5 Kanda Jinbōchō, Chiyoda-ku, Tōkyō-to
- ☎ 03-6261-6177
- 🕙 （平日）11：00～23：00
  （週六、週日、日本國定假日）11：00～19：00
- 🌐 https://www.bookhousecafe.jp

6

定好主題 LET'S GO

SHOSEN GRANDE

　「SHOSEN GRANDE」是老書店「書泉」的總店，此店最大的特色就是備齊了偶像、漫畫、遊戲等各種嗜好的相關書籍與商品，尤其是**6樓的「鐵道樓層」，甚至被稱為「鐵道迷的聖地」**，整層樓不停播放著鐵路廣播和車站音樂，各路線的時刻表就不用說了，還可以找到鐵道之旅相關書籍與DVD、列車模型、以及鐵路相關雜貨與紀念品，即使不是鐵道迷，一定也會忍不住驚嘆。

鐵道迷
聖地

> **SHOSEN GRANDE**
>
> (交) 都營三田線、新宿線、東京Metro半藏門線神保町站A7出口徒步約1分鐘
>
> (址) 東京都千代田区神田神保町1-3-2
> 1 Chome-3-2 Kanda Jinbōchō, Chiyoda-ku, Tōkyō-to
>
> (電) 03-3295-0011
>
> (時) （平日）10：00〜21：00
> （週六、週日、日本國定假日）10：00〜20：00
>
> (休) 全年無休
>
> (網) https://www.shosen.co.jp

🔼 依興趣分類的樓層，就像是一座又一座的寶山。

🔽 這層樓就連扭蛋機裡放的，都是鐵道相關扭蛋，還有「阿愣」的鐵道版鑰匙圈喔（1次¥300）！

姊川書店

　與其他大型書店比較起來，「姊川書店」雖然小到並不起眼，但卻是間轉型相當成功的書店。伴隨時代變遷、出版業蕭條，喜愛貓咪的店主與女兒在面臨轉型問題時，決定在店內設立「貓貓堂」（にゃんこ堂），並改賣大量精選貓書，沒想到小小一間書店就這樣在一片不景氣中鹹魚翻身，如今已成為鏟屎官們關注的焦點書店。而此店的貓咪雜貨雖然不多，但個個都是精選中的精選，從貓咪湯

專賣
貓咪書籍
與雜貨

右上 轉型成功的「姊川書店」原本只是間不起眼的普通小書店。

左下 可愛的手提束口袋，上面印的「にゃ」在日文中有小貓或是貓叫聲之意。

140

匙、毛巾到提袋，每個都讓人好想帶回家，貓
迷們一定要來啊！

其他地方買不到的原創雜貨全都在這裡，不逛
怎可以。

姉川書店

- 🚇 東京Metro半藏門線、都營新宿線神保町站A4出口徒步約
  1分鐘
- 🏠 東京都千代田区神田神保町2-2
  2 Chome-2 Kanda Jinbōchō Chiyoda-ku, Tōkyō-to
- ☎ 03-3263-5755
- 🕐 （平日）10：00～21：00
  （週六、日本國定假日）12：00～18：00
- 🚫 週日
- 🌐 http://nyankodo.jp

● 延伸閱讀：神保町美食地圖

GLITCH COFFEE & ROASTERS

　　對於產地、烘焙、萃取的每個細節都
很講究的這間店，使用自家烘焙的咖啡
豆，將果實的風味發揮至極，因此能品嚐
到咖啡豆原有的個性。老闆鈴木清和先生
於2015開設了這間店，希望能透過這間
店向世界宣傳日本的咖啡文化。此外，這
間店不只有美味的咖啡，麵包和小西點也
很好吃唷！

GLITCH COFFEE & ROASTERS

- 🚇 都營三田線、新宿線、東京Metro半
  藏門線神保町站A9出口徒步約2分鐘
- 🏠 東京都千代田区神田錦町3-16香村
  ビル1F
  1F, 3 Chome-16 Kanda Nishikichō,
  Chiyoda-ku, Tōkyō-to
- ☎ 03-5244-5458
- 🕐 （平日）7：30～20：00
  （週六、週日）9：00～19：00
- 🚫 不定期公休
- 🌐 http://glitchcoffee.com

🔹 「GLITCH COFFEE & ROASTERS」位於1樓的店面是許多媒體爭相取景的知名外景地。
🔹 可口的肉桂捲（Cinnamon Roll ¥330），看起來就很好吃吧！並用咖啡的濾紙去包裝，真是特別。

10 DIXANS

　　走工業風路線的「10 DIXANS」
是一間甜品咖啡店，走入這間店裡，
就好像進入另一個世界一樣。此店擁
有寬敞又寧靜的內用空間，店內的每
一角落都經過精心設計，就像一幅又
一幅的圖畫。除了提供美味的咖啡之
外，店內的蛋糕出自「**武藏小山**」這
個地方的知名店家「**patisserie de bon
coeur**」（パティスリードゥ・ボン・
クーフゥ），大家一定要親自嚐嚐。

10 DIXANS

🚇 都營三田線、新宿線、東京Metro半藏門
線神保町站A2、A4出口徒步約6分鐘／
JR中央‧總武線、都營三田線水道橋站
東口徒步約4分鐘

🏠 東京都千代田区西神田2-7-11
2 Chome-7-11 Nishikanda, Chiyoda-ku,
Tōkyō-to

☎ 03-6256-8417

🕐 （平日）8：00～19：00
（週六、週日、日本國定假日）
11：00～17：00

🈺 不定期公休

🌐 http://www.dixans.jp

🈺 「10 DIXANS」位於水道橋站與神保町站之間，推開黑色大門後，就像進入另一個世界。
🈺 店內雖然走工業風，但卻帶有幾分溫馨的氛圍。
🈺 好好吃的蒙布朗（モンブラン¥560）。點蛋糕或餐點只要再加¥400，即可享用附餐飲料。

Bondy歐風咖哩
（欧風カレー　ボンディ）

　　說到神保町，除了舊書街之外還有一個代名詞，那就是「咖哩」啦！在這個咖哩一級戰區之中，讓日本人豎起大拇哥、稱它第一名的咖哩名店絕對是隱藏在書店裡的「Bondy」啦！此店的牛肉咖哩飯（ビーフカレー¥1480）是大家的最愛，不吃牛肉的人也有雞肉、豬肉、蔬菜、海鮮等多種口味可選。此外，愛吃甜點的人千萬別錯過此店香甜的布丁（ふんわりプリン ¥500）唷！吃完咖哩，再來個可口布丁，吼～實在是太完美了。

漫畫堆中的排隊名店

咖哩配布丁

🔺「Bondy」隱藏在神田古書中心的2樓，從2樓書店內側可看到餐廳的入口，不過若要進店必須繞到此建築物的後方，搭乘後方的電梯上樓哦！

🔶 牛肉咖哩的肉超大塊，肉燉得又軟又嫩，幾乎入口即化。

🔻 咖哩配布丁真是絕配，並附焦糖醬，可依個人喜好選擇要不要加，建議先吃原味。

Bondy歐風咖哩

🚇 都營三田線、新宿線、東京Metro半藏門線神保町站A1出口徒步約2分鐘

🏠 東京都千代田区神田神保町2-3 2F
　　2F 2 Chome-3 Kanda, Chiyoda-ku, Tōkyō-to

☎ 03-3234-2080

🕐 11：00～22：30

🚫 跨年期間

🌐 http://bondy.co.jp/web/

6

定好主題 LET'S GO

02

老街漫遊派

　　提到東京老街，第一個浮現腦海的絕對是「淺草」。歷史悠久的「**淺草寺**」不但是東京都內最古老的寺院，高高掛起的「雷門」紅燈籠也是東京的象徵之一，從外地來到東京校外教學的學生們也是一樣，沒在雷門前拍個紀念照就好像沒來過東京一樣。快來淺草尋訪傳統老店、到「**合羽橋道具街**」挖掘實用的餐廚用品，若想接著到「台場」一遊，也可從淺草搭乘水上巴士直達台場喔！

淺草寺

　　東京歷史最悠久的「淺草寺」，創建至今已有千年歷史，不只是觀光客必訪之地，正殿前的「常香爐」也總是聚集著信徒，想祈求頭腦聰明請將煙撥向腦袋，想要漂亮美麗就撥向臉蛋，若朝身體不適之處撥，據說病痛就會消失！

　　相傳淺草寺的詩籤非常靈驗，每支籤代表未來1年的運勢，並貼心附上英文翻譯。有人說**淺草寺的凶籤特別多**？其實是因為淺草寺並沒有隨著時代趨勢而減少吉凶籤比例的關係（凶籤占了30%）。不過抽到凶籤也沒關係，最重要的是詩籤上神明賜予的提醒。所以若真的抽到凶籤，只要將詩意銘記在心並將凶籤摺起、綁在指定的位置，也許就能就此轉運唷！

> **淺草寺**
>
> ⊗ 東京Metro銀座線淺草站1號出口徒步約5分鐘／筑波快線淺草站A1出口徒步約5分鐘／都營淺草線淺草站A4出口徒步約6分鐘
>
> 🏠 東京都台東區淺草2-3-1
> 2 Chome-3-1 Asakusa,
> Taitō-ku, Tōkyō-to
>
> ☎ 03-3842-0181
>
> ㊡ 全年無休
>
> 🌐 http://www.senso-ji.jp

重達700公斤的紅色雷門大燈籠，是淺草寺與東京的象徵之一。

仲見世通

從雷門一直延伸到仁王門的這條長長參道，兩旁開滿各種類型的商家，從浴衣、手鏡等工藝品，到各式傳統小吃與紀念品，全都是觀光客們的最愛，因而成為選購日本傳統伴手禮的好地方。各式各樣的仙貝、五彩繽紛的金平糖，價格經濟實惠又美味，而包含「三鳩堂人形燒」在內的傳統點心，也超適合作為遊走老街時邊走邊吃的小點心。

除此之外，進入仲見世通之前，建議也可以先到位於雷門對面的「淺草文化觀光中心」逛逛，這棟樓高8層的觀光中心由建築大師隈研吾設計，除了提供各種觀光情報之外，8樓還有個免費進入的展望台，可一覽淺草風光呢！

洋溢著濃濃日本味的金魚束口袋和「三鳩堂」的人形燒（2個¥100；真空包裝10個¥500）。

淺草文化觀光中心

🚇 東京Metro銀座線淺草站2號出口徒步約1分鐘／都營淺草線A4出口徒步約2分鐘

🏠 東京都台東區雷門2-18-9
2 Chome-18-9 Kaminarimon, Taitō-ku, Tōkyō-to

📞 03-3842-5566

🕐 9：00～20：00（8樓～22：00）

📅 全年無休

🎫 免費

🌐 http://www.city.taito.lg.jp/index/bunka_kanko/oyakudachi/kankocenter/a-tic-gaiyo.html

淺草文化觀光中心

仲見世通

⬆ 醒目的「淺草文化觀光中心」由隈研吾大師設計，位於雷門對面，是淺草地區的新地標。

⊕ 「淺草文化觀光中心」的8樓可欣賞到雷門、仲見世通，一直延伸到淺草寺、五重塔的美妙風光。

⬇ 風味絕佳的傳統金平糖（1包¥370），口味與色彩都很豐富，是大人小孩都愛的傳統糖果。

淺草吉備丸子（浅草きびだんご　あづま）

　　位在仲見世通裡的「淺草吉備丸子」（5串¥330）是必吃的點心之一，Q彈的丸子沾滿甜而不膩的黃豆粉，小小一串吃起來一點都不負擔，冬天的話可搭配熱呼呼的甜酒釀，夏天時則可來杯清爽的抹茶（價格皆為1杯¥110），先補充點糖分再去淺草寺參拜。

超好吃的吉備丸子

🔼 來淺草必吃的吉備丸子，還有夏天必喝的冰抹茶。店家側面有簡單的立食區。
🔽 沾滿黃豆粉的吉備丸子，曾經出現在「桃太郎」的故事裡。

淺草吉備丸子

🚇 東京Metro銀座線淺草站2號出口徒步約2分鐘／都營淺草線A4出口徒步約3分鐘

📍 東京都台東區浅草1-18-1
　　1 Chome-18-1 Asakusa, Taitō-ku, Tōkyō-to

📞 03-3843-0190

🕐 9：00～19：00

🈺 全年無休

🌐 http://aduma.tokyo/kibidango/

楓和菓子店

　　來到淺草，還有個魔性的丸子一定要試試，那就是「甜醬油丸子」（みたらし）（1串¥110），「楓和菓子店」販賣的甜醬油丸子採用100%日產米粉製成，口感軟硬適中，甜甜鹹鹹的沾醬老實說第一次嘗試時其實頗為震驚，心想：「這丸子居然是鹹的，好奇怪喔！」但沒想到那甜甜鹹鹹的醬油香讓人一試成癮，成為往後每來淺草幾乎必吃的小點心。

甜甜鹹鹹真奇妙

🔼 楓和菓子店在店前擺設的五平餅、烤丸子攤，各式各樣的丸子真是誘人。
🔽 沾滿甜醬油的烤丸子風味獨特，美食家石塚先生也曾在節目中介紹過呢！

楓和菓子店

🚇 筑波快線淺草站A1出口徒步約2分鐘／東京Metro銀座線淺草站1號出口徒步約6分鐘

📍 東京都台東區浅草1-40-6
　　1 Chome-40-6 Asakusa, Taitō-ku, Tōkyō-to

📞 03-5828-8611

🕐 （平日）11：00～19：00
　　（週六、週日、日本國定假日）11：00～19：00

🈺 全年無休

🌐 http://www.geocities.jp/wagashi_kaede/

千葉屋拔絲地瓜（大学いも　千葉屋）

　　淺草一帶販賣地瓜甜品的店還真不少，但大部分賣的都是吃起來頗有分量的地瓜塊，美味歸美味，對於想多嚐幾樣美食的人卻是個負擔。懷有這個煩惱的你，快來買千葉屋現炸的「拔絲地瓜片」（切り揚げ）（200g ¥370）吧！撒上芝麻、外表焦脆的香甜地瓜片絕對會讓你一口接一口，嘴巴停不了。

抓指回味
樂無窮

千葉屋

🚇 筑波快線淺草站A1出口徒步約4分鐘／東京Metro銀座線淺草站1號出口徒步約8分鐘

🏠 東京都台東区浅草3-9-10
3 Chome-9-10 Asakusa, Taitō-ku, Tōkyō-to

☎ 03-3872-230

🕐 （週一～週六）10：00～18：00
（週日、日本國定假日）10：00～17：00

🈲 週二

🔼 位於淺草寺後方的千葉屋，顧客以當地居民居多，地瓜塊與地瓜片都是現炸的，一起鍋立即銷售一空。

🔽 又酥又脆的拔絲地瓜片，吃起來香甜又順口，也不像地瓜塊那樣吃幾塊就飽了。

淺草花月堂菠蘿麵包（花月堂メロンパン）

　　「花月堂菠蘿麵包」歷史悠久，不但是媒體寵兒，也是遊客的最愛，在淺草有4間分店。那比臉還大的巨無霸菠蘿麵包（¥220）一出爐，香氣立即四溢，能做出這麼美味的麵包，老闆可是光在「發酵」上就花了10年的時間研究呢！建議最好能趁熱現吃，才吃得到外酥內軟的絕佳口感喔。

巨無霸
菠蘿麵包

🔼 巨無霸菠蘿麵包跟手掌比一比，這大小與手掌有得拚。

🔽 菠蘿麵包就是要現吃才好吃，這樣才能吃到外酥內軟的口感。

淺草花月堂雷門店

🚇 東京Metro銀座線淺草站2號出口徒步約2分鐘／都營淺草線A4出口徒步約3分鐘

🏠 東京都台東区浅草1-18-11
1 Chome-18-11 Asakusa, Taitō-ku, Tōkyō-to

☎ 03-5830-3534

🕐 9：00～16：00

🈲 全年無休

🌐 https://asakusa-kagetudo.com

飯糰淺草宿六（おにぎり浅草宿六）

　　「宿六」是東京都最古老的一間飯糰專賣店，至今已傳到第3代。宿六（やどろく）在日文中是對老公的謙稱，也有輕視老公之意，會取這個名字，原來是因為第1代老闆娘的老公遊手好閒不工作，她為了養家活口才開了這間店。直到今日，店裡依然保留第1代設計的菜單，一共有20多種飯糰可供選擇。此店基本上使用的是新潟的越光米，此米的香氣與味道較強，因此不會被海苔的香氣與內餡的味道蓋過。不過老闆並沒有跟固定的店家買米，而是每年親自試吃之後再決定接下來這一年要用的米，而且每天用羽釜燒飯，海苔使用的則是江戶前千葉海苔。想品嚐單純的好味道就要選日式飯糰，而想吃日式飯糰就要來「宿六」，店內備有英文菜單，因此不懂日文也能輕鬆點餐唷！

飯糰淺草宿六

- 筑波快線淺草站A1出口徒步約4分鐘／東京Metro銀座線淺草站1號出口徒步約8分鐘
- 東京都台東區浅草3-9-10
  3 Chome-9-10 Asakusa, Taitō-ku, Tōkyō-to
- 03-3874-1615
- 11：30～17：00／18：00～02：00
- 週日中午時段／
  週二與週三的晚間時段
- http://onigiriyadoroku.com

左 樸實的飯糰最能嚐到食材原有的美味，米飯、內餡、海苔都必須達到理想的平衡才行。
右 低調的「宿六」，位於淺草寺後方，請認明紅色大招牌。

各式各樣的食材整齊排放在透明櫥櫃裡，每一個飯糰都是師傅親手捏製而成。

珈琲天國（珈琲　天国）

　　總在開店前就排起長長人龍的「珈琲天國」，是間家庭式的溫馨小店，這裡並沒有令人驚豔的超級美食，但能嚐到暖心的媽媽味。現點現做的手工鬆餅（ホットケーキ¥550；加點咖啡¥1000），使用的只是簡單的麵粉、奶油、蛋與牛奶，但堅持在客人點餐後才從麵糊開始做起，完成後再烙上可愛的天國2字，所以不但軟硬適中，甜度也不會過甜。建議第一口先嚐嚐帶有奶香的原味，再抹上奶油、淋上蜂蜜。此外，令人聯想到北海小英雄的原味熱狗麵包（プレーンホットドッグ¥360）也是必點的項目之一，長20 cm的超長熱狗和熱狗麵包都是特製的，熱狗Q彈又多汁。點熱咖啡的話，還有機會遇到「**大吉杯**」喔（杯底出現大吉字樣）！有機會來到淺草的話，不如來復古的喫茶店喝個不一樣的下午茶吧！

可愛的原味熱狗也是此店的人氣商品。

珈琲天國

交 筑波快線淺草站A1出口徒步約2分鐘／東京Metro銀座線淺草站1號出口徒步約6分鐘

址 東京都台東区浅草1-41-9
1 Chome-41-9 Asakusa, Taitō-ku, Tōkyō-to

電 03-5828-0591

營 12：00～18：30

休 週二

6

定好主題 LET'S GO

右上 必點的手工鬆餅，建議先吃原味，細細品嚐鬆餅香甜的奶香。

下 「珈琲天國」的店面復古又小巧，門口的櫥窗擺放著餐點模型，彷彿回到舊時光。

淺草山藥泥麥飯MUGITORO
（浅草むぎとろ）

　　本店位於隅田川旁的「MUGITORO」也是一間歷史悠久的老店，主賣健康又美味的山藥泥麥飯，**初次造訪的人可鎖定價格經濟實惠的商業午餐**，平日中午時段1樓會提供¥1000吃到飽方案，內含山藥泥、麥飯與幾道配菜。沒搶到吃到飽席次也沒關係，店內還提供¥2000起跳的各種商業套餐可供選擇。

　　值得注意的是，**這間店的山藥泥和其他地方不太一樣，因為在山藥裡加入了祕傳高湯，因此味道醇和又清爽**，淋在熱呼呼的麥飯上，讓人忍不住一口接一口，光有這山藥泥就能吃下好幾碗飯呢！以健康為取向的人更是不容錯過。

MUGITORO

🚇 東京Metro銀座線淺草站4號出口徒步約3分鐘／都營淺草線
　　A3出口徒步1分鐘

📍 東京都台東区雷門2-2-4
　　2 Chome-2-4 Kaminarimon, Taitō-ku, Tōkyō-to

☎ 03-3842-1066

🕐（平日午間時段）10：00～16：00
　　（平日午間吃到飽方案）11：00～13：30
　　（平日晚間時段）17：00～22：30
　　（週六、週日、日本國定假日）11：00～22：30

🈺 全年無休

🌐 http://www.mugitoro.co.jp/

溶入祕傳高湯的山藥泥是
此店的超級大重點，
這山藥泥簡直是盜
飯賊啊！

🅐上 「MUGITORO」（浅草むぎとろ）本店位
　　於淺草站附近，是一間頗有歷史的老店。

🅑上 山藥泥麥飯套餐（むぎとろ¥2000）包含
　　簡單的配菜與湯。

🅑下 熱呼呼的麥飯裡加入了大量的麥，健康
　　又美味。

🅒 飯後的日式甜點也可以在店內買到，作為
　　伴手禮也很適合喔！

150

合羽橋道具街

長達800公尺的「合羽橋道具街」以販售餐飲、烘焙用品為主，舉凡鍋碗瓢盆、烘焙用品、刀具、咖啡用品，無論是開店用也好、家庭用也好、日式也好、西式也好，各種餐飲相關的用具幾乎都能找到，總店數將近200家！大家最愛來日本購買的日式土鍋、和風盤碗、南部鐵器與咖啡用品，在這裡也有豐富的選擇，作為觀光地的話或許不太適合，但對於想購買專業用品的人而言，這裡絕對是可以逛上一整天的天堂。

以外觀時尚的「釜淺商店」為例，看起來雖然像是新開的店家，但其實已有百年歷史，此店以販賣鍋具起家，從日本各地精選優秀用具，堅持提供顧客優良的品質，像是許多人都想擁有的南部鐵器就是此店的鎮店之寶。而喜歡沖咖啡的人，則可在「UNION」找到各式各樣的咖啡用品，從濾紙、咖啡壺到咖啡杯，甚至連咖啡豆都有得買呢！

想為開店做準備、或想為家中添購好用的用品嗎？這條堪稱日本餐廚用具最齊全的道具街，相信能滿足大家的需求，到淺草一帶遊玩時，不妨也把「合羽橋道具街」一起排進去吧！

合羽橋道具街

🚇 東京Metro銀座線田原町站1號出口徒步約5分鐘／筑波快線淺草站A2出口徒步約5分鐘

🏠 東京都台東区西浅草3-18-2
3 Chome-18 Nishiasakusa Taitō-ku, Tōkyō-to

☎ 03-3844-1225

🕐 9：00～17：00（依店家而異）

🌐 http://www.kappabashi.or.jp

道具街地標

合羽橋的日文發音與河童相同，因此合羽橋的吉祥物當然就是河童啦！

除了餐飲用品，在這裡也能買到可愛的文具，造型像皮擦1個只要¥39。

🔼 「Niimi」大樓上的大廚師是「合羽橋道具街」的象徵之一，從這個路口走進去，兩旁全是餐飲用品專賣店。

🔵 外觀看不出已有百年歷史的「釜淺商店」以鍋具起家，在這裡可以買到優質的「南部鐵器」唷！

🔽 烙印用的鐵烙，種類也很齊全，價格從日幣3千多到9千多不等。

6

定好主題 LET'S GO

151

03
鍾情鐵道派

東京車站

　　鐵道迷在東京的第一站，當然要來看看已有百年歷史的東京車站啦！東京車站是日本最大的車站，由辰野金吾大師設計，雖曾躲過關東大地震這一劫，但卻沒躲過第二次世界大戰的轟炸，不過現已成功修復成原始風貌。車站南北的八角形圓頂與中央，使用了日本板岩，並以手工方式一片片接上，而南北圓頂天花板上的浮雕，是以遺留下的石膏結構復原而成。**8個角落各有1隻帥氣的老鷹以及12生肖中的8隻動物，卻少了兔（東）、馬（南）、雞（西）、鼠（北）這4隻。**為什麼少了這4隻呢？是為了配合8角形設計嗎？有一說是辰野大師特意將這4個生肖保留在自己故鄉佐賀的「武雄溫泉樓門」裡，而真相只有辰野大師本人才知道。

東京車站

交 JR各線、東京Metro丸之內線東京站

址 東京都千代田区丸之內1
1 Chome-9 Marunouchi, Chiyoda-ku, Tōkyō-to

網 http://www.tokyostationcity.com/tc/

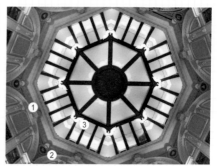

八角形圓頂的天花板上藏著豐臣秀吉的頭盔裝飾①、12生肖中的8個生肖②，以及帥氣的8隻老鷹③。

東京車站的丸之內北口，紅磚與白飾呈現出辰野金吾大師的風格。

聖橋三線交錯

JR中央快線、總武線、東京Metro丸之內線相互交錯的景象，唯有站在神田川的聖橋上才能看到，這裡不但是鐵道迷們必拍的知名景點，也是電影《咖啡時光》影迷們的朝聖之地，由於班次頻繁，因此只要稍微等一下就能看到3線列車交錯的景象唷！

三線交錯

🔼 分別是上方的JR總武線（黃色）、中間的JR中央快線（橘色），下方則是東京Metro千代田線。

🔽 架設在神田川上的美麗聖橋，以北區瀧野川的「音無橋」為原型作設計。

聖橋

聖橋

🚇 JR中央・總武線御茶之水站聖橋口直達／東京Metro千代田線新御茶之水站B1、B2出口直達

📍 東京都千代田区神田駿河台四丁目～文京区湯島一丁目

🌐 http://www.kanko-chiyoda.jp/tabid/627/Default.aspx

車站紀念章（駅スタンプ）

來東京旅遊前，請先準備一本方便攜帶的空白頁小本子吧！因為東京各站的紀念章實在太～可愛、太值得留念了。就JR東日本為例，以JR山手線為中心的77站皆備有代表地方特色的紀念章，既能留念也可透過紀念章的圖案探索地方歷史與文化。此外，東京Metro與都營地下鐵各站也備有紀念章，大多放在驗票口附近或由站務員保管，快來收集吧。

🔼 找不到的話也可以詢問站務員，因為有些站的紀念章由站務員保管。車站紀念章的日文就叫作「駅スタンプ」（EKI STAMP）。

🔽 JR各線的車站紀念章。若能把77站的紀念章全部蓋完，一定很有成就感。

都電荒川線

　　「都電荒川線」是東京都內少數的路
面電車之一，運行在早稻田站～三之輪橋
站之間，一共有30個停靠站。沿線保留了
下町老街的傳統氛圍，與東京都心繁華的
印象成強烈對比。

　　暱稱為「東京櫻花路面電車」（東京
さくらトラム）的荒川線，不只吸引鐵道
迷來此朝聖，對旅人來說也有一股迷人的
吸引力，更曾出現在村上春樹《挪威的森
林》這本書的場景裡。當電車的叮叮聲響
起，請放慢腳步，跟著電車踏上這段漫遊
之旅吧！

都電荒川線

- 成人¥170（IC卡¥165）
　兒童¥90（IC卡¥82）

- 都電荒川線1日券：成人¥400／兒
　童¥200（東京1日券可乘坐的列車
　也包含都電荒川線）

- https://www.kotsu.metro.tokyo.jp/
　ch_h/services/streetcar.html

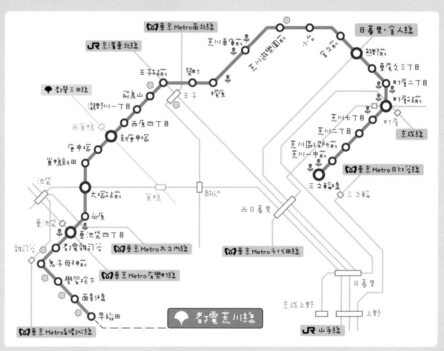

都電荒川線簡易地圖

玫瑰花道

每年5月中旬到6月上旬、以及10月中旬到11月上旬，皆可在都電荒川線沿線欣賞到五彩繽紛的玫瑰花（最佳賞花位置請參考圖中的玫瑰花標記）。這些玫瑰花由義工團體種植，一共有140種，數量更高達1萬多棵，若時間剛好配得上，請務必加入賞花團的行列。

傳說中的8801、8901

你是否聽說過都電荒川線傳說中的「8801」號與「8901」號呢？這兩個列車的車廂上，有個其他列車都沒有的祕密武器，那就是「心形吊環」啦！這心形吊環非常神祕，連官方都不曾公開，而且整個車廂也就只有這麼1個，若剛好遇到的話，恭喜你，實在太幸運了，快將手放上這個幸運之環吧！

傳說中的
8801

夠幸運
才遇得到

🔵 **追尋心形吊環小撇步**

（1）連結都電運行情報（https://tobus.jp/tlsys/navi）。
（2）按下「車両檢索」，勾選車號並選擇8801、8901。
（3）按下綠色查詢鍵，即可得知目前所在位置。

🔼 傳說中的8801號列車，粉紅色的外觀好可愛呀！8901則是橘色。

🔽 粉紅色的心形吊環1台就只有這麼1個，快去尋找它的蹤影。

可愛的電車行駛在火紅的玫瑰之間，這難能可貴的美景，總是吸引許多熱愛攝影的人來此搶拍。

巢鴨地藏通商店街

　　「巢鴨地藏通商店街」介於都電荒川線庚申塚站與JR山手線巢鴨站之間，若從庚申塚站出發，會從商店街的尾端開始逛起。在觀光客的腦海裡，這條商店街或許只留下婆婆媽媽們的天堂、紅內褲等印象，但這裡其實有非常多的老店，喜歡日本小吃和日式傳統點心的人來到這裡絕不會失望，熱愛庶民文化的人快來逛逛吧！

巢鴨地藏通商店街

🚉 都電荒川線庚申塚站徒步約1分鐘／JR山手線巢鴨站徒步約5分鐘／都營三田線巢鴨站A3出口徒步約1分鐘

🏠 東京都豐島区巢鴨4-22-8
　　4 Chome-22-8 Sugamo, Toshima-ku, Tōkyō-to

☎ 03-3918-2101

🌐 https://sugamo.or.jp

⬆ 「飛安鯛魚燒」是當地居民的最愛，一隻鯛魚燒從¥90漲到¥100，還是很便宜啊！

⬇ 觀光客必買的「MARUJI」紅內褲種類多到驚人，還配合生肖放上各種可愛的動物圖案。

有「老奶奶的原宿」之稱

🄛 都電荒川線庚申塚站，靠近巢鴨地藏通商店街的尾端，這條商店街總長約800公尺。

🄡 榮太樓除了知名的栗子羊羹與金鍔外，還有外皮又香又酥的「栗子最中」（¥200），不但造型可愛，裡面還放了一大顆栗子唷！

我是SUGAMON，快來巢鴨找我吧！

左上 稻毛屋有好多好吃的熟食與現烤的串燒，來到巢鴨地藏通商店街，就是要邊走邊吃，吃個過癮。

右上 旅行必拜猿田彥大神，猿猴雕像下有「非禮勿言、非禮勿聽、非禮勿視」智慧三猴。

左下 來到巢鴨地藏商店街幸運的話，還能遇見可愛的吉祥物「SUGAMON」本尊哦！來自「鴨之國」的他是個男生，年齡是永遠的12歲。

右下 巢鴨郵局前的郵筒上，出現巢鴨的吉祥物「SUGAMON」，真是隻可愛的鴨子。

IPPUKUTEI（甘味処　いっぷく亭）

　　遊走都電荒川線，請別錯過位於庚申塚
站月台上的「IPPUKUTEI」，這間店最有
人氣的餐點，就是日式炒麵加牡丹餅的套餐
（こだわりセット¥920）。甜甜鹹鹹的Q彈
炒麵上，放上了黃橙橙的半熟蛋，當蛋黃化
開流入麵條的瞬間，哇嗚～簡直就像黃金瀑
布一樣，讓人食欲大增。而手工捏製的牡丹
餅外層是紅豆泥，裡面包的是糯米，每個地
方的牡丹餅作法都不太一樣，此店的糯米則
保留了紅豆粒與米粒的口感。

IPPUKUTEI

🚃 都電荒川線庚申塚站

🏠 東京都豊島区西巣鴨2-32-10
　　2 Chome-32-10 Nishisugamo, Toshima-ku, Tōkyō-to

☎ 03-3949-4574

🕙 10：00～18：00

🈺 不定期公休

🌐 https://www.facebook.com/ippukutei/

一次就能嚐到2種日式美食的超值套餐。
另附炒麵醬，可自由調整鹹度。

🔼 此店就位在庚申塚站的月台上，除了傳統的紅
　　豆牡丹餅，還有抹茶、黃豆粉等不同的口味。

🔽 炒麵就是要配半熟蛋啊！蛋黃化開的瞬間就
　　是幸福的開始。

🔽 店內座位並不多，平時這裡也是鄰居太太們
　　閒話家常的地點。

飛鳥山公園

　　飛鳥山站旁的大天橋，絕對是觀賞都電荒川線的最佳位置無誤。站在天橋上，剛好可以居高臨下，清楚觀賞到電車行駛在大馬路上與汽車爭道的畫面。而飛鳥山公園也是個知名的賞櫻景點，每到春天櫻花盛開之際，就可以欣賞到一整排粉紅色的櫻花與電車交織而成的美麗景象，這個時候請把握機會，坐都電荒川線去賞櫻吧！

> **飛鳥山公園**
>
> ✪ 都電荒川線飛鳥山站／JR京濱東北線、東京Metro南北線王子站中央口或南口徒步約1分鐘
>
> ⬤ 東京都北区王子1-1-3
> 1 Chome-1-3 ōji, Kita-ku, Tōkyō-to
>
> ☎ 03-3908-9275
>
> ⊕ http://www.city.kita.tokyo.jp/shisetsu/shisetsu/koen/s252.html

⬆ 剛從飛鳥山站離開的電車，伴隨著飛鳥山公園盛開的櫻花。

⬇ 電車與汽車一樣，乖乖在車陣中排隊，等候紅綠燈指示。

6

定好主題 LET'S GO

一整片粉紅色櫻花真的很壯觀，還可免費搭乘迷你單軌電車上山。

「王子神社」位於親水公園旁,是
一間綠意盎然、十分幽靜的神社。

王子神社

　　望子成龍、望女成鳳的人,快來「王子神
社」吧!這間神社是祈求孩子健康成長、出人
頭地的知名神社,也能為人開運消災。除此之
外,此神社還有一個很特別的地方,就是有一
隻「貓咪店長」。販賣御守的地方有隻超可愛
的摺耳貓,只要有人靠近就會跳上椅子,就像
在接待顧客一樣投以關愛的眼神。也許是巧
合?正當我們選好御守、按下對講機準備呼叫
神職人員時,一按鈴貓咪立即喵～了一聲,彷
彿在呼喚神職人員快來結帳,真是可愛極了。
貓奴們造訪王子神社時,別忘了去看看貓咪店
長哦!

王子神社

🚃 都電荒川線王子站前站徒步約5分鐘／JR京濱東北線王子
　　站北口、東京Metro南北線王子站3號出口徒步約3分鐘

🏠 東京都北区王子本町1-1-12
　　1 Chome-1-12 ōjihonchō, Kita-ku, Tōkyō-to

☎ 03-3907-7808

🌐 http://ojijinja.tokyo.jp

🔼 販賣御守的地方出現貓咪店長?! 盡職的店長只
　　要有人靠近,就會立即現身。

🔽 「王子神社」旁的親水公園雖然是人造景觀,
　　但卻非常漂亮,夏天時還開放民眾玩水。

Café de Kuroneko-sya（黒猫舎）

　　熱鬧的町屋一帶，有間飄散著復古氛圍的小店叫作「Café de Kuroneko-sya」（黒猫舍）。店內擺放各式各樣的貓咪收藏品，就連此店的招牌飯糰也做成了貓咪造型，而這隻叫作「CARLOS」的貓咪還是老闆自己設計的呢！來到此店，除了可以單點飯糰外，「貓咪飯糰套餐」（猫むすび御膳）也非常推薦。不過由於老闆只有一個人，所以點套餐也許需要等上一些時間，但那分量十足、營養滿分的套餐絕對值得等待。反正來都電荒川沿線就是要慢慢玩嘛！就耐心等候吧！

Café de Kuroneko-sya（黒猫舎）

- 都電荒川線町屋前站前站徒步約7分鐘／東京Metro千代田線、京成本線町屋站3號出口徒步約3分鐘
- 東京都荒川区荒川6-30-1
  6 Chome-30-1 Arakawa, Arakawa-ku, Tōkyō-to
- 03-3892-2701
- 8：00～19：00
- 週三、日本國定假日

6

定好主題 LET'S GO

這樣一個豐富的「貓咪飯糰套餐」（猫むすび御膳），有魚、有肉、有菜、有貓咪飯糰又有湯，居然只要¥750，實在太超值了。

右上 貓咪飯糰也可以單點，裡面包著滿滿的鮭魚鬆，單點的話¥180。

下 復古的外觀正符合都電荒川線的復古情懷，可愛的貓咪招牌超吸睛。

04
書香校園派

東京大學

　　日本最高學府「東京大學」分為好幾個校區，其中歷史最悠久、也最著名的校區就是位於本鄉三丁目站附近的「本鄉校區」。此校區保留了許多年代久遠的建築，並種植了高大的銀杏樹，每到秋天，金色隧道與黃金地毯也會在本鄉校區的銀杏大道現身，東京大學更以銀杏作為校徽。而本鄉校區最具代表性的2大建築，絕對是「安田講堂」與「赤門」了。在著名日劇《東大特訓班》（ドラゴン桜）出現過的「安田講堂」，曾在一次學生運動中被佔領，而後長期荒廢，如今已重新修復並再度啟用。被日本政府列為國寶的「赤門」，是加賀藩第13代藩主為迎娶德川家齊的女兒溶姬，所建的御守殿門（江戶幕府將軍之女，若嫁給官階在從三位以上的貴族，就尊稱為「御守殿」），因朱紅色的外觀而被稱作「赤門」，至今已有百年歷史。依據日本習俗，御守殿門若損毀就不能重建，這座赤門可是日本現今唯一保存下來的御守殿門唷！

東京大學

🚇 東京Metro丸之內線、都營大江戶線本鄉三丁目站4號出口徒步約7分鐘／東京Metro南北線東大前站1號出口徒步約1分鐘

🏠 東京都文京区本鄉7-3-1
7 Chome-3-1 Hongō, Bunkyō-ku, Tōkyō-to

☎ 03-3812-2111

🌐 （中央食堂）http://www.utcoop.or.jp/d1/

🌐 https://www.u-tokyo.ac.jp

來東京大學非買個紀念鉛筆（¥308）與橡皮擦（¥540）不可，感覺用了它學業就能突飛猛進?!

（左）東大的「中央食堂」整修後變得十分明亮，有許多經濟實惠的學生餐。

（右）東大名產「赤門拉麵」（赤門ラーメン¥444）類似拌麵，味道比較像樸實的媽媽味，麵本身並不辣，但許多人都愛自己加上滿滿的韓國辣椒粉，自製成辣拌麵。

日本唯一
現存御守殿門
赤門

安田
講堂

🔼 日本唯一一座被保存下來的「赤門」是東大的象徵之一,不過「赤門」其實並非東大的正門。

🔽 順著銀杏大道即可抵達「安田講堂」,從前方廣場邊的樓梯往下即可通往「中央食堂」。

來到本鄉校區，還有一個一定要去的地方叫作「廚菓子黑木」（廚菓子くろぎ）。這間店位於春日門旁DAIWA UBIQUITOUS學術研究館1樓，看到由無數木板重疊而成的外觀，就知道這棟建築是出自隈研吾大師之手。**隈研吾大師的建築、黑木純師傅的經典日式甜點、再加上咖啡名店「猿田彥」為日式甜點特製的咖啡，創造出視覺與味覺的頂級饗宴。**

東大校園
隱藏美食

廚菓子黑木

🚇 東京Metro丸之內線本鄉三丁目站徒步約5分鐘／都營大江戶線本鄉三丁目站4號出口徒步約3分鐘

🏠 東京都文京区本鄉7-3-1
7 Chome-3-1 Hongō, Bunkyō-ku, Tōkyō-to

☎ 03-5802-5577

🕘 9：00～19：00

🚫 全年無休

🌐 http://www.wagashi-kurogi.co.jp

🔼 隱身在春日門旁的「廚菓子黑木」，餐點價格雖然不低，但請一定要試試。

🔽 搭配用的黃豆粉、抹茶與黑糖蜜，可讓人品嚐到3種不同的風味。

🔼 蕨餅套餐（蕨もちセット¥2500）裡的Q彈蕨餅實在太好吃啦！套餐還附猿田彥的極品咖啡，最佳品嚐時間是30分鐘內。

🔼 除了傳統點心之外，此店還會依時節推出各種不同的限定冰品呢！

立教大學

　　位於西池袋的「立教大學」，是一所基督教私立大學，創校至今已超過百年。池袋校區的歐式建築由紐約建築師設計，爬滿藤蔓的紅磚校舍，洋溢著貴族學校的氛圍，曾吸引《長假》（ロングバケーション）、《大和拜金女》（大和撫子）等經典日劇來此取景。校園中有許多建築都頗有歷史，其中作為學生餐廳的「第一食堂」建於1918年，挑高的天花板與整體設計，讓這個空間看起來就像哈利波特裡的霍格華茲餐廳一樣，十分氣派。

　　每年立教大學最令人期待的就是12月的到來，聖誕節對教會學校而言是很重要的節日，因此每年11月底到隔年1月初，校門口的兩棵大雪松就會掛上美麗的聖誕燈飾，在夜裡綻放七彩光芒。若在此時來東京遊玩，別忘了來立教大學，感受一下充滿書香的耶誕氛圍喔！

立教大學

- JR各線、東京Metro丸之內線、副都心線、有樂町線、西武池袋線池袋站西口徒步約7分鐘／東京Metro有樂町線、副都心線要町站6號出口徒步約6分鐘
- 東京都豊島区西池袋3-34-1
  3 Chome-34-1 Nishiikebukuro, Toshima-ku, Tōkyō-to
- 03-3985-2660
- 聖誕點燈期間請見：http://www.rikkyo.ac.jp/christmas/
- http://www.rikkyo.ac.jp

聖誕節限定

穿著立教棒球衣與橄欖球衣的Q比吊飾（¥515）可在福利社買到。

經典日劇場景

左下 一入校園即可看到古色古香的紅磚建築，與爬滿牆面的藤蔓。

右下 兩旁擺滿小花的這棟建築其實是「第一食堂」呢！連學生餐廳都這麼美，真令人羨慕。

右上 每到聖誕佳節校門左右的兩棵大雪松就會掛起燈飾，變身成立教大學的聖誕樹，非常出名。

6

定好主題 LET'S GO

慶應義塾大學

日本紙鈔一萬日圓上印著「福澤諭吉」的頭像，而這位福澤諭吉先生是日本非常重要的教育家，也是「慶應義塾大學」的創辦人。此校有「企業家的搖籃」之稱，許多知名日本企業的社長都是慶應的畢業生。

踏進這間掌握日本經濟命脈的學校，會發現這間學校意外樸實，數個校區中歷史最悠久的是位於港區的三田校區，此校區的範圍雖然不大，但古色古香的紅磚建築非常漂亮。到了每年11月底，還會舉辦熱鬧非凡的「三田祭」，也就是慶應三田校區的校慶活動，除了可以欣賞到各社團的成果發表會，各種小吃也紛紛出爐，美術相關社團也會擺起肖像畫的畫攤，一般民眾也可以一同參與。

慶應義塾大學

🚇 JR山手線、京濱東北線田町站南口徒步約8分鐘／都營淺草線三田站A3出口、都營三田線三田站A10出口徒步約7分鐘

📍 東京都港区三田2-15-45
2 Chome-15-45 Mita, Minato-ku, Tōkyō-to

☎ 03-5427-1654

🕐 （山食）平日10：30～16：00
週六10：30～14：00（寒暑假期間的營業時間與公休日會有變動）

🌐 https://www.keio.ac.jp/ja/

一萬日圓鈔票上的福澤諭吉是慶應大學的創辦人。

左 比起正門，慶應大學三田校區的東門更具代表性，站在東門前還能遠望東京鐵塔。
右 興建於1912年的圖書館，藏書2百多萬本，圖書館本身也被列為日本重要文化財。

提到三田校區，不能不提到它們的學生食堂。非常重視「飲食」的福澤諭吉先生，曾率先在由他創刊的〈時事新報〉上設置料理連載，此舉是為了讓女性透過報紙提高對社會的關心。而三田校區當中，有個叫作「山食」的食堂，食堂裡的咖哩飯一直秉持著當初創業時的傳統風味，從慶應畢業的學生回到這裡，幾乎都會來上一盤，想試試校園咖哩的人，一定要來「山食」。

必吃的
校園咖哩

🈂️🈴 來到慶應必吃的「山食」，咖哩飯加上炸豬排，居然只要¥520。日本人吃咖哩，一定要配福神漬（一種醬菜）。
🈂️🈺 除了咖哩飯之外，也有許多經濟實惠的套餐，甚至還有賣水果呢！
🈲️🈵 古色古香的三田校區，經常出現在電影與連續劇當中。
🈂️🈵 於每年11月底舉辦的「三田祭」當中，最受關注的就是慶應先生、慶應小姐選拔賽。

熱鬧的
三田祭

● 番外篇：SHOUGATEI（しょうが亭）

在升學補習班林立的代代木，有間非常「應景」的日式套餐店叫作「SHOUGATEI」（しょうが亭）。這間店無論外觀還是內部裝潢都很樸實，裡面販售的套餐皆以知名學府命名，東京大學是豬排蛋套餐，慶應大學是雙可樂餅套餐，立教大學則是炸雞排套餐，其他還有法政大學、明治大學、日本大學等各大名校的套餐，想考哪間就選哪道。營養均衡的套餐不但能為考生補充營養，還能振奮人心，尋訪各大校園後，不妨來個大學套餐吧！

> ### SHOUGATEI（しょうが亭）
>
> 🚃 JR中央線、山手線代代木站西口徒步約3分鐘／都營大江戶線代代木站徒步約3分鐘／小田急小田原線南新宿站徒步約2分鐘
>
> 🏠 東京都渋谷区代々木1-42-5
> 1 Chome-42-5 Yoyogi, Shibuya-ku, Tōkyō-to
>
> ☎ 03-3370-3941
>
> 🕐 （午間時段）11：00～15：00
> （晚間時段）17：00～21：00
>
> 🚫 週六、週日、日本國定假日

慶應大學套餐的主菜，是咖哩可樂餅與馬鈴薯可樂餅。

⬆ 只在平日營業的大學套餐店「SHOUGATEI」（しょうが亭），外觀相當簡樸。

⬛ 喜歡哪間學校就點哪道吧！附上相片的菜單也方便點餐。

⬇ 套餐還附簡單的配菜與湯，且價格都很親民。

05
參拜巡禮派

神社與寺廟的不同？

「神社」供奉的是萬物神靈（如：伏見稻荷大社）或皇室成員（如：明治神宮），**神社才會有「鳥居」**。「寺廟」供奉的是佛教的神明（如：淺草觀音寺）。

參拜禮儀

去「神社」參拜時須注意，踏入「鳥居」後就代表進入神明的居所，**必須走左右兩側**，因為**中央是神明走的路**。參拜前，先到洗手池清洗雙手、漱口（步驟請見下頁圖示），唯勺子不能對口，也不能將漱口水飲下，洗完手後即可到殿前參拜。來到殿前請先投入香油錢，投完錢後的參拜口訣是「**2拜2拍手1拜**」，也就是深深二鞠躬後，雙手合掌拍二下（合掌時右手微低），然後雙手合十默念心願，最後再鞠躬一次。有鈴的時候，請先稍稍一鞠躬再投錢，搖完鈴後再進行「2拜2拍手1拜」。

相較之下，去「寺廟」參拜的步驟較簡單，洗完手後先買線香，點著後放入中央的香爐，再用雙手將香氣往身上撥，除去身上的晦氣，入殿投完錢後，只要雙手合十默念心願即可，無須鞠躬拍手。

該投多少香油錢？

在日本，香油錢叫作「賽錢」，而香油箱叫作「賽錢箱」，基本上**一般日本人會投5圓**，因為「**5圓**」的日文發音與「**緣分**」相同，若身上剛好沒5圓，也可以看自己的心意投錢，投5圓只是討個吉利。

6

定好主題 LET'S GO

回收舊的御守與熊手

🔼 御守與熊手的效期是1年，超過1年之後，請將舊的御守與熊手帶回神社裡的回收處回收。

🔼 進入「鳥居」前請先鞠躬，因為即將進入神明的居所，所以先鞠躬以示敬意。

🔵 洗手、漱口步驟

❶ 右手拿起勺子舀水，水約7～8分滿。

❷ 先洗左手。

❸ 換左手拿勺，再洗右手。

❹ 換右手拿勺，將水倒進左手掌心，用掌中的水漱口。

❺ 立起勺子讓勺中的水順勢流向勺柄，藉此清洗勺柄，再放回原位。

愛宕神社

　　商業大樓林立的港區，有座標高25.7公尺的天然小山叫作愛宕山，「愛宕神社」正座落在這座小山上，在神社前有條超長的石階叫作「出人頭地石階」（出世の石段），又稱作「男坂」，一共有86階。相傳德川家光將軍有一天經過愛宕山時，被山頂上的梅花香吸引，於是一聲令下：「來人啊！騎馬將那梅花摘下。」但卻無人敢征服這陡峭的山路，此時曲垣平丸郎這位勇敢的家臣將韁繩一拉，騎著馬成功攀上山頂，摘下梅花獻給了家光，因而一夕成名，這條長長的石階也被稱為「出人頭地的石階」，想要出頭天的朋友們，當然要來爬一下啊！

一共86階的長長石階，爬完它就能出人頭地啦！

愛宕神社

🚇 東京Metro日比谷線神谷町站3號出口徒步約5分鐘／東京Metro銀座線虎之門站1號出口徒步約8分鐘／都營三田線御成門站A5出口徒步約8分鐘

🏠 東京都港区愛宕1-5-3
1 Chome-5-3 Atago, Minato-ku, Tōkyō-to

☎ 03-3431-0327

🌐 http://www.atago-jinja.com

爬完就能
出人頭地

⬆ 朱漆之門等處裝飾著三葉葵紋，此葵紋是德川家的家紋。

左下 被摸到發亮的招運石就設置在殿前，摸摸這塊石頭就能招來幸運喔！

右下 「出人頭地石階」（也就是男坂）的右邊則是「女坂」。

花園神社

　　「花園神社」位於繁華的新宿鬧區，附近都是百貨公司、商業大樓與餐廳，原址曾是武士官邸的庭園，因園內百花齊放，因而命名為花園神社，鎮守新宿一帶，據說祈求生意興隆、事業順利非常靈驗，因此許多大企業的老闆也會來此參拜。此外，聽說陷入倦怠期的情侶一起來此參拜就能恢復感情，因此來此參拜或來此約會的情侶也不少呢！每年11月花園神社會舉辦盛大的「酉之市」，與淺草、府中並列「關東三大酉之市」。而每月第4個星期天也會舉辦「青空古董市集」（青空骨董市）唷！

花園神社

🚇 東京Metro丸之內線、副都心線、都營新宿線新宿3丁目站E2出口直達／JR各線新宿站東口徒步約7分鐘

🏠 東京都新宿区新宿5-17-3
5 Chome-17-3 Shinjuku, Shinjuku-ku, Tōkyō-to

☎ 03-3209-5265

🌐 http://www.hanazono-jinja.or.jp/

● 番外篇

ISSUI的
黑糖
蜜布丁

　　臨近花園神社的百貨公司「新宿伊勢丹本店」地下1樓有一間甜點專櫃「ISSUI」，推出了新宿伊勢丹限定的黑糖蜜布丁（¥648），入口即化的布丁加上軟嫩的麻糬，再淋上沖繩黑糖蜜真的好好吃，太晚去還會撲空呢！

🔼 位於新宿鬧區的「花園神社」，能讓人遠離喧囂。

🔹 為狗年推出的可愛繪馬。因境內的「藝能淺間神社」相當出名，因此希望能在演藝圈順利發展的人也會來此祈願。

🔽 每月的第4個星期天，神社境內會舉辦「青空古董市集」，二手和服、浴衣、日式古玩等古董全數出籠。

湯島天滿宮

只要提到「天滿宮」，就知道供奉的一定是學問之神「菅原道真」，而這間臨近東京大學的「湯島天滿宮」，是東京頗具代表性的天滿宮，又因臨近第一學府，因此許多考生都會來此祈求金榜題名，想要考進東大的人更不用說了。

因菅原道真喜愛梅花，所以境內的梅花也很出名，並使用「加賀梅鉢」的梅紋作為神紋。每到梅花季，湯島天滿宮就會在周末假日舉辦「梅花祭」，同時也因正值考季，所以除了可欣賞到美麗的梅花，還會看到繪馬如瀑布般滿溢而出的景象。

湯島天滿宮

- 🚇 東京Metro千代田線湯島站3號出口徒步約2分鐘
- 🏠 東京都文京区湯島3-30-1
  3 Chome-30-1 Yushima, Bunkyō-ku, Tōkyō-to
- ☎ 03-3836-0753
- 🌐 http://www.yushimatenjin.or.jp/pc/index.htm

🔺 整體以檜木建造而成的「湯島天滿宮」，供奉學問之神。

🔵 考生必買的筆上印有「加賀梅鉢」的梅紋。

🔻 境內的梅花相當出名，每到「梅花祭」總是吸引大批民眾來此賞梅。

◀🔻 梅花盛開之時，也宣告考季來臨，此時境內的繪馬牆就會變成壯觀的繪馬瀑布。

東京大神宮

　　希望求得好姻緣，終結單身之路的人，請造訪有東京伊勢神宮之稱的「東京大神宮」。日本首次有人在神社舉行婚禮的神宮，就是此神宮，許多來此參拜的人，參拜後都順利找到另一伴，口耳相傳之下，此神宮便成了求姻緣的愛情聖地。此外，東京大神宮的各式鈴蘭御守與繪馬也很有人氣，鈴蘭的花語為「幸福到來」，而5月1日是鈴蘭之日，據説能在此日買到鈴蘭御守的話，求姻緣的效力也會倍增喔！

結緣木牌有2面，請先在繫有白繩的木牌上寫上自己的名字，邊祈求神明賜得好姻緣，邊將木牌一分為二，將繫有紅繩的木牌當作護身符好好保管，寫有名字的木牌則掛在神宮內的懸掛處。

東京大神宮

- JR中央・總武線飯田橋站西口徒步約3分鐘／東京Metro東西線、都營大江戶線飯田橋站A4出口徒步約5分鐘／東京Metro有樂町線、南北線飯田橋站B2a出口徒步約5分鐘
- 東京都千代田区富士見2-4-1
  2 Chome-4-1 Fujimi Chiyoda-ku, Tōkyō-to
- 03-3262-3566
- http://www.tokyodaijingu.or.jp/index.html

左 不只是女生，許多男生也會來「東京大神宮」求姻緣喔！
右 祈求幸福到來的鈴蘭繪馬，以及結緣木牌的懸掛處。

水天宮

看過連續劇《新參者》（新参者）的人，相信對位於人形町的「水天宮」並不陌生。水天宮以求子、祈求順產出名，希望孩子健康成長的家長們也會來此參拜。這裡有2個雕像非常有名，一個是「子寶犬」（子宝いぬ），因狗象徵多產，只要摸摸狗媽媽的頭與自己生肖對應的地支（子鼠、丑牛、寅虎、卯兔、辰龍、巳蛇、午馬、未羊、申猴、酉雞、戌狗、亥豬），就可以祈求授孕安產，若希望小孩平安長大，則由小朋友摸摸小狗的頭與對應的地支。另一個則是「安產子育河童」，河童媽媽的肩上、懷裡與腳邊各有一隻小河童，旁邊放了水桶與勺子，請幫河童家族澆澆水，摸摸河童媽媽的頭，這麼一來一樣可以保佑順產喔！

水天宮

- 東京Metro半藏門線水天宮前站5號出口徒步約1分鐘／東京Metro日比谷線人形町站A1出口徒步約6分鐘
- 東京都中央區日本橋蛎殼町2-4-1
  2 Chome-4-1 Nihonbashikakigarachō, Chūō-ku, Tōkyō-to
- 03-3666-7195
- http://www.suitengu.or.jp

左 「水天宮」位於很有味道的傳統老街「人形町」，此地在江戶時代聚集了許多操偶師與人偶製作師。

右上 被摸到閃閃發亮的「子寶犬」，不只是婦女朋友，媽媽也會帶小孩來摸一下，希望孩子能平安長大。

右中 河童是水天宮的使者，據說河童必須保持濕潤，才會保佑前來祈福的人。澆水時請從河童的頭上澆下。

右下 說到人形町就不能不提到「重盛」的人形燒，此店的雞蛋糕（1個¥30）也很好吃喔！來水天宮參拜時，別忘了買來當點心。（http://www.shigemori-eishindo.co.jp/）

6
定好主題 LET'S GO

豐川稻荷東京別院

　　想求財一定要去稻荷神社，不過位於赤坂的
「豐川稻荷東京別院」不是神社而是一間寺廟，供
奉的是掌管穀物與財富的神明，威風凜凜的狐狸則
是神的使者，因此境內四處可見狐狸的身影，許多
參拜者也會獻上狐狸最愛吃的油豆腐。

　　但此院特別的地方不僅止於此，想求財的人還可
以來此借發財金（融通金）呢！只要將裝有發財金的
黃色小信封放在錢包裡就能提升財運，不過一年之後
記得回到這裡添個香油錢喔！因為許多
演藝人員與運動明星都會來此參拜，像
是境內就掛有傑尼斯事務所與所屬藝人
的燈籠，因此這裡也成為粉絲們的朝
聖之地。

貢品中最常見的是
狐狸最愛的油豆
腐，配上紅白年糕
與酒。

<table>
<tr><td>豐川稻荷東京別院</td></tr>
</table>

🚇 東京Metro銀座線、丸之內線赤坂
　見附站B出口徒步約5分鐘／東京
　Metro有樂町線、半藏門線、南北
　線永田町站7號出口徒步約5分鐘

🏠 東京都港区元赤坂1-4-7
　1 Chome-4-7 Motoakasaka,
　Minato-ku, Tōkyō-to

☎ 03-3408-3414

🌐 http://www.toyokawainari-tokyo.jp/

左 常被誤以為是神社的「豐川稻荷東京別院」，想求財來這裡就對了。
右上 境內高掛著傑尼斯事務所與所屬藝人的大紅燈籠，據說祈求星運亨通非常靈驗。
右下 摸摸抱子狐（子だき狐）的頭，能保佑授孕順產。

赤城神社

　　位於神樂坂的「赤城神社」擁有7百多年的
歷史，卻曾一度差點走上廢棄之路，所幸2009
年社方與三井不動產公司簽下契約，將境內的
部分土地出租，建設成複合式商業大樓，而三
井不動產更請來知名的建築大師隈研吾，重新
打造神社，除保留原有社殿之外，還大膽加入
玻璃、鋼筋等現代建材，並運用木材與現代化
建材讓神社換上了嶄新的風貌，才有今日在時
尚與傳統之間取得了最佳平衡的赤城神社。

🔼 果然是時尚的神社，連狛犬都如此時尚，而神社境內還有販
　　售迷你版的狛犬喔！（¥2000）
🔽 寺內供奉的「螢雪天神」也就是學問之神菅原道真，「螢
　　雪」二字出自「囊螢映雪」。
🔽 鬼太郎與眼球老爹的御守只有在「赤城神社」才能買到唷！

> **赤城神社**
> 🚇 東京Metro東西線神樂坂站1號出口徒步約1分鐘
> 📍 東京都新宿區赤城元町1-10
> 　　1-10 Akagi Motomachi, Shinjuku-ku, Tōkyō-to
> ☎ 03-3260-5071
> 🌐 http://www.akagi-jinja.jp/prayer/amulet/

脫胎換骨的「赤城神社」，在時尚與傳統
之間取得了最佳平衡。

● 延伸閱讀：神樂坂小旅行

神樂坂有「東京小巴黎」與「小京都」之稱，不但是漫步的好地方，彎曲的巷弄中也隱藏了許多好店，雖然範圍不算大，但卻超有魅力，值得花時間慢慢探索。接下來就為大家列舉幾間好店。到東京大神宮、赤城神社參拜後，順便來趟神樂坂的探索之旅吧！

神樂坂介於飯田橋站與神樂坂站之間，雖然位於東京，卻保有悠閒的步調。

紀之善（紀の善）

此店位於「飯田橋站」附近，有機會造訪神樂坂的話，一定要來嚐嚐此店的日式甜品不可，尤其是「抹茶奶凍」（抹茶ババロア ¥874），那抹茶與紅豆的完美結合，嚐過之後絕對會難以忘懷。

紀之善
交 JR中央・總武線飯田橋站西口徒步約2分鐘／東京Metro有樂町線、南北線飯田橋站B3出口徒步約1分鐘
址 東京都新宿神樂坂1-12紀の善ビル 1 Chome-12 Kagurazaka, Shinjuku-ku, Tōkyō-to
電 03-3269-2920
營 （週二～週六）11：00～20：00 （週日、日本國定假日）11：30～18：00
休 週一
網 http://www.kinozen.co.jp/

左 來神樂坂必吃的「抹茶奶凍」，喜歡日式甜品的人千萬別錯過。
右 加入海苔、醋醬油與日式芥末醬的日式涼粉（ところ天 ¥648）是大人的最愛。

la kagu

　　利用新潮社這間出版社的倉庫改造而成的「la kagu」，是一個複合式商業設施，並由隈研吾大師的團隊負責改建。店內設置了咖啡廳、服飾雜貨販賣區、講堂等區塊，並時常舉辦各種活動。

🄲 利用書籍倉庫改造而成的複合式設施「la kagu」，近年來成為神樂坂的必訪之地。

🄼 店內販售各式精選雜貨，商品與生活息息相關。

🄳 咖啡廳位於店內一角，備有寬敞又舒適的用餐空間。

la kagu

🚇 東京Metro東西線神樂坂站2號出口徒步約1分鐘

📍 東京都新宿区矢来町67
67 Yaraichō, Shinjuku-ku, Tōkyō-to

📞 03-5227-6977

🕐 11：00～20：30

🈺 不定期公休

🌐 http://www.lakagu.com

Ⓕ https://www.facebook.com/lakagu.kagurazaka

珈琲日記

　　2017年從代官山搬到神樂坂的「珈琲日記」，雖然並未多作宣傳，但卻瞬間掀起話題，大家的目標都是每日限量16份的「水果三明治」（フルーツサンド¥750；內含咖啡或茶的套餐為¥1250），為了這三明治甚至有人一大清早就來排隊，不過沒搶到也別失望，此店的咖啡和司康等甜點也很好吃喔！

每日限定 16份

珈琲日記

🚇 東京Metro東西線神樂坂站1號出口徒步約2分鐘

📍 東京都新宿区横寺町30神樂坂よこみちテラス101
30 Yokoteramachi, Shinjuku-ku, Tōkyō-to

📞 070-6432-6006

🕐 （平日）7：00～17：00
（週六、週日）10：00～18：00

🈺 不定期公休

Ⓘ https://www.instagram.com/coffee_nikki/

Ⓕ https://m.facebook.com/coffeenikki0915/

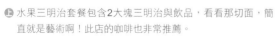

🄻 水果三明治套餐包含2大塊三明治與飲品，看看那切面，簡直就是藝術啊！此店的咖啡也非常推薦。

🄲 位於小巷內的「珈琲日記」，老闆與店員超親切，總是邊沖咖啡邊與店內的客人閒話家常，讓人有一種賓至如歸的感覺。

離島廚房（離島キッチン）

　　「離島廚房」提供來自日本各島嶼的精選食材與料理，每個月都會推出不同的菜單，而且所有料理都是廚師們親自前往該島嶼，與當地人學習切磋後，再回來教授其他員工，因此食材也會隨著每月介紹的島嶼而變，不但能為顧客帶來新發現，也能讓人透過食物去了解各島嶼的文化。

離島廚房

🚇 東京Metro東西線神樂坂站1號出口徒步約3分鐘

🏠 東京都新宿區神樂坂6-23
　　6 Chome-23 Kagurazaka, Shinjuku-ku, Tōkyō-to

☎ 03-6265-0368

🕐 （午餐時段）11：00～14：00
　　（晚餐時段）18：00～22：00

🌐 http://ritokitchen.com

🔼 以「甑島」為主題的月份，推出了甑島山下商店的招牌料理嫩豆腐冷盤（¥550）。

🔽 使用島嶼在地新鮮食材製成的每一道菜，都能為人帶來驚奇。

● 番外篇

孩子們的天堂

梅花亭買伴手禮

神樂坂「赤城兒童公園」（あかぎ兒童遊園）的雙象溜滑梯是孩子們的最愛，罕見的雙象造型超可愛。

此店會隨季節推出口味獨特的大福，初夏時推出的青梅大福（青梅¥260），裡面包了白豆沙與青梅果醬。

🔼 梅花亭的香魚餅（若あゆ¥270）是季節限定商品，香甜餅皮包著白芝麻餡，可愛又美味。

🔽 來梅花亭必買的香魚造型最中（¥270），打開袋口就能聞到一股誘人的香氣。

7

一日行程自由選

　　忙著生活、忙著工作，如果可以，現在就想出走。沒有時間排行程也沒關係，跟著安排好的一日行，現在就出發！不用費心理解複雜的交通網絡，只用同一條電車線路、或在同一區活動，也能玩得如此豐富、如此精彩。

01 搭乘都營大江戶線暢遊3地

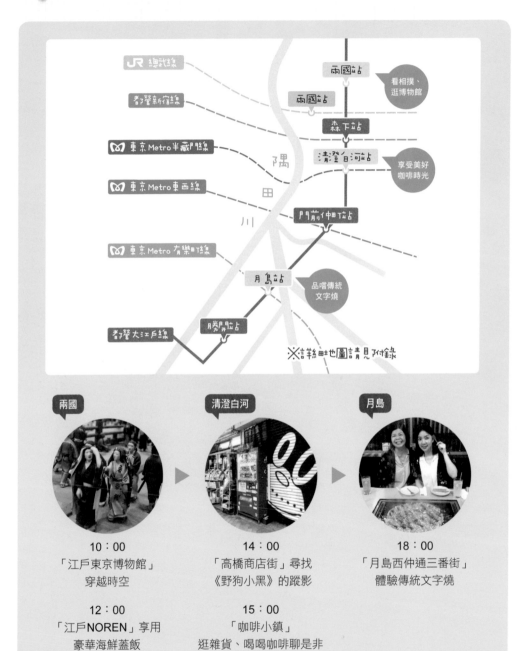

JR 總武線

都營新宿線

東京Metro半藏門線

東京Metro東西線

東京Metro有樂町線

都營大江戶線

兩國站

兩國站

森下站

清澄白河站

門前仲町站

月島站

勝鬨站

隅田川

看相撲、
逛博物館

享受美好
咖啡時光

品嚐傳統
文字燒

※詳細地圖請見附錄

兩國

10：00
「江戶東京博物館」
穿越時空

12：00
「江戶NOREN」享用
豪華海鮮蓋飯

清澄白河

14：00
「高橋商店街」尋找
《野狗小黑》的蹤影

15：00
「咖啡小鎮」
逛雜貨、喝喝咖啡聊是非

月島

18：00
「月島西仲通三番街」
體驗傳統文字燒

兩國

江戶東京博物館

大人小孩都喜歡的「江戶東京博物館」，以德川家康入主江戶的400年間為中心，介紹江戶時代的歷史、生活與文化。常設區以日本橋為界，分成「江戶」與「東京」兩區，除了放置浮世繪、和服、古地圖等大量展示品外，也可以透過模型與實體布景，了解江戶時期至近代的生活演進，最棒的是館內有許多有趣的體驗設施，能讓人穿越時空變身江戶人。不用頂著大太陽就能讓大人小孩一起玩樂、一起學習，真是一個寓教於樂的好地方啊！

※如欲在兩國體驗相撲魅力，請參考第
　5單元「相撲」篇。

「纏」（まとい）是江戶時代打火英雄的重要工具，用於標記最佳滅火點，而擔任此重責大任的旗手，通常會選擇長相最俊美的組員。實際上轉起來並不容易，快去轉轉看吧！

江戶東京博物館

- 都營大江戶線兩國站A4出口徒步約1分鐘／JR總武線兩國站西口徒步約3分鐘
- 東京都墨田区横網1-4-1
  1 Chome-4-1 Yokoami, Sumida-ku, Tōkyō-to
- 03-3626-9974
- 9：30～17：30（週六～19：30）
- 週一（如遇日本國定假日則改為隔日週二休息）、跨年期間
- 大人¥600／65歲以上¥300／大專院校學生¥480／非東京都的國高中生¥300／在都內就學或居住的國中生、小學生、兒童免費
- https://www.edo-tokyo-museum.or.jp/zh-tw/

以1：1比例實際還原江戶三座之一的「中村座」，這座木造劇院前也經常舉辦各種表演。

以前座落在銀座的「朝野新聞社」也是以1：1的比例還原，周邊有人力車等設施供遊客體驗。

以前人的代步工具「轎子」，身材不夠嬌小的話還不能穿越時空當個古代人呢！

江戶NOREN

　　JR兩國站旁有間由舊車站改造而成的美食設施「江戶NOREN」，內有12家餐廳提供各種不同的日式餐點，包含握壽司、親子丼、相撲火鍋等。館內也配合兩國的相撲文化，按照比賽規格打造了相撲比賽用的「土俵」。特別推薦來日本一定要吃生魚片的朋友，絕不能錯過生魚片酒BAR「KABUKIMAGURO」（かぶきまぐろ）推出的「築地場外丼」（¥3000＋税），奢華的雙層設計絕對能帶來最美好的視覺與味覺饗宴。

　　「KABUKIMAGURO」的「築地場外丼」分成上下2層，下層是什錦壽司飯，上層放滿10多種當天早上進貨的精選海鮮。

江戶NOREN

- 都營大江戶線兩國站A4出口徒步約7分鐘／JR總武線西口直達
- 東京都墨田区横網1-3-20 1 Chome-3-20 Yokoami, Sumida-ku, Tōkyō-to
- 03-6658-8033
- 10：00～23：30（依店舖而異）
- 1月1日、2日，設施檢查日
- http://www.jrtk.jp/edonoren/

左 依比賽規格打造而成的「土俵」是「江戶NOREN」的象徵。
右上 憑江戶東京博物館的門票來「KABUKIMAGURO」點餐，1人可免費獲得1杯酒或果汁。
右下 不吃生食的人也可以選擇鰻魚飯（¥1800＋税），餐點皆附味噌湯。

清澄白河

高橋商店街

　清澄白河站與森下站之間有條名為「高橋商店街」的老街，聚集不少傳統店家，每逢星期天或日本國定假日會擺設攤位，並封街禁止車輛進入。此商店街又名「野狗小黑之路」，走在這條路上，四處都有可愛的小黑狗出沒，而這隻小黑狗就出自田河水泡先生筆下的漫畫《野狗小黑》。田河大師從幼年到青年時期都在這裡生活，因此深川地區對他的作品也帶來很大的影響。高橋商店街尾端的江東區森下文化中心也因此設置了「田河水泡野狗小黑館」，介紹這位大師的生平、作品與遺物。

🔼 又名「野狗小黑之路」的「高橋商店街」洋溢著濃厚的老街氛圍，並掛滿小黑的旗幟。

🔼 供訪客拍攝紀念照用的逗趣看板，人人都能變身成可愛的小黑。

🔽 江東區森下文化中心裡設置了「田河水泡野狗小黑館」，身穿紅褲的小黑在門口迎接訪客。

🔽 紀念章蓋章區備有紀念章用紙，快把可愛的小黑帶回家留作紀念吧！

高橋商店街

🚇 都營大江戶線、東京Metro半藏門線清澄白河站A1出口徒步約3分鐘／都營大江戶線森下站A6出口徒步約3分鐘

📍 東京都江東區高橋9
　9 Takabashi, Kōtō-ku, Tōkyō-to

🌐 https://koto-kanko.jp/theme/detail_spot.php?id=S00097

田河水泡野狗小黑館

📍 東京都江東区森下3-12-17
　3 Chome-12-17 Morishita, Kōtō-ku, Tōkyō-to

🕐 9：00～21：00

📅 第1與第3週的週一

💴 免費

Blue Bottle Coffee

　　清澄白河原本是木材保管區，後因林業沒落而留下許多老倉庫，那挑高的空間、比市中心低廉許多的租金，吸引美國知名的精品咖啡品牌「Blue Bottle Coffee」將進駐日本的第一間店開設於此，雖然此品牌並不是第一間入主清澄白河的咖啡店，但卻成功帶起咖啡熱潮，讓清澄白河成了知名的「咖啡小鎮」，藍瓶子的威力果然不同凡響。

Blue Bottle Coffee

🚇 都營大江戶線、東京Metro半藏門線清澄白河站A3或B2出口徒步約7分鐘

📍 東京都江東區平野1-4-8
　 1 Chome-4-8 Hirano, Kōtō-ku, Tōkyō-to

🕐 8：00～19：00

🈺 全年無休

🌐 https://bluebottlecoffee.jp

⬆ 店內裝潢與印象中白底藍瓶的正字標記一樣，走簡約路線，設有沖煮區、烘焙區與內用區。

⬇ 「Blue Bottle Coffee」的咖啡多半為中淺焙，帶有酸味與果香，1杯價格約¥500。

超人氣的「Blue Bottle Coffee」，店內店外擠滿了人，甚至多到需要請保全維持秩序呢！

The Cream of the Crop Coffee

　説到清澄白河的咖啡店，就不能不提及「The Cream of the Crop Coffee」。此店是清澄白河第一間自家烘豆的咖啡店，店名為「頂極」之意，雖然離清澄白河站較遠，但仍吸引許多咖啡迷前來朝聖。遠遠望去，黑色的大倉庫放上了此店可愛的小狗LOGO，這隻狗是社長的朋友送給他的拉薩犬，名字叫邦尼。聽說因為邦尼在朋友家時總是睡在磨豆機旁，所以來到社長家中的時候，身上還飄著咖啡香呢！

The Cream of the Crop Coffee

- 🚇 都營大江戶線、東京Metro半藏門線清澄白河站B2出口徒步約10分鐘
- 🏠 東京都江東區白河4-5-4
  4 Chome-5-4 Shirakawa, Kōtō-ku, Tōkyō-to
- ☎ 03-5809-8523
- 🕐 10：00～18：00
- 🚫 週一
- 🌐 http://c-c-coffee.ne.jp

🔼 此店是日本最早使用甜甜圈濾杯的咖啡店，咖啡現點現沖。

🔽 店內還備有印有可愛邦尼LOGO的各式商品，連甜甜圈濾杯都可以買回家呢！

挑高的空間正好適合擺放大型烘豆機。店內店外備有簡單的座位供顧客使用。

ALLPRESS EXPRESSO TOKYO ROASTERY & CAFÉ

　除了美系咖啡品牌之外，還有間很棒的紐西蘭咖啡品牌叫作「ALLPRESS EXPRESSO TOKYO ROASTERY & CAFÉ」，也選在清澄白河開設，做為進駐日本的第一間店。雖然同樣是以倉庫改建而成，但此店卻利用一整面的透面玻璃、木材與暖色系建材，打造出明亮又潔淨的空間，讓人眼睛為之一亮。除了咖啡之外，店裡也備有簡餐與小點心，是談天、喝下午茶的好地方。

ALLPRESS EXPRESSO TOKYO ROASTERY & CAFÉ

- 🚇 都營大江戶線、東京Metro半藏門線清澄白河站B2出口徒步約9分鐘
- 📍 東京都江東區平野3-7-2
  3 Chome-7-2 Hirano, Kōtō-ku, Tōkyō-to
- ☎ 03-5875-9392
- 🕐 （平日）8：00～17：00
  （週六、週日、日本國定假日）9：00～18：00
- ⊘ 全年無休
- 🌐 https://allpressespresso.com/find/tokyo-roastery

🔼 店內洋溢清新又溫暖的氛圍，並備有內用空間。

🔽 可自行調整濃度的黑咖啡（Long Black ¥450），超適合搭配美味的手工燕麥餅乾（¥200）。

咖啡色外觀簡約又帶有時尚感，走入店內會發現別有洞天。

月島

EBISUYA文字燒

口感與大阪燒截然不同的「文字燒」，是關東地區的代表食物之一。**相傳文字燒起源於生活困苦、食材取得不易的時代，於是聰明的主婦將簡單的材料倒入麵糊中，做成帶有鍋巴的文字燒當作小朋友的零食，邊煎還邊拿著鍋鏟在麵粉上教小朋友寫字，因而得名。**許多人初次品嚐文字燒時，也許會不適應地感到怎麼都吃不飽，但在了解這樣的歷史背景後，相信就能懷著不一樣的心情品嚐好吃又好玩的文字燒了。而月島則是文字燒的故鄉，光一條西仲通共有70多家的文字燒店，想體驗文字燒的魅力又不知從何著手的人，不如選擇從頭到尾都有專人服務的「EBISUYA」吧！

🔼 月島的這間「EBISUYA」不但有多種口味可供選擇，最棒的是從頭到尾都有專人服務，不用擔心失敗。

🔼中 海鮮口味的「惠比壽文字燒」（恵比寿もんじゃ¥1650）內含花枝、章魚、蝦與干貝，是此店的人氣王。

🔽中 在中間挖個洞再將麵糊倒入中央，是最傳統的作法。

🔽 大功告成後淋上蛋花、灑上海苔粉就可以拿起小鏟子開始享用，入口前可依個人喜好搭配柴魚片等佐料。

EBISUYA（もんじゃ　鉄板焼　えびすや）

🚃 都營大江戶線月島站10號出口徒步約2分鐘／東京Metro有樂町線月島站7號出口徒步約2分鐘

📍 東京都中央区月島3-9-10
3 Chome-9-10 Tsukishima, Chūō-ku, Tōkyō-to

☎ 03-3531-0731

🕐 （午餐時段）12：00～15：00
（晚餐時段）17：30～23：00
※唯有週三從17：00開始營業

🈺 週二（如遇日本國定假日則照常營業）

吉祥寺延伸之旅

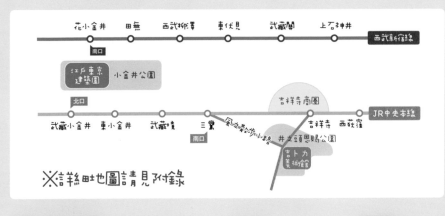

| 三鷹 or 武藏小金井 | | 吉祥寺 | 西荻窪 |

A計畫　10：00　走入吉卜力動畫的世界（請參考P98）

B計畫　10：00　尋找《神隱少女》的蹤影

12：00　商店街美食午餐，樂遊步行者天堂

18：00　享用以在地食材精心烹調的和食

A計畫

走路去
從三鷹站南口沿著「風之散步小路」（風の散步道）一直走，大約走15分鐘即可抵達。

坐車去
從三鷹站南口轉搭龍貓循環巴士或行經明星學園的公車，在明星學園入口站下車，車程約5分鐘。

※回程可沿著井之頭公園一邊散步，一邊走到吉祥寺，路程約17分鐘。

B計畫　搭車到「武藏小金井站」再轉搭公車，即可抵達江戶東京博物館的分館「江戶東京建築園」。博物館透過體驗設施，讓造訪民眾了解古代人的生活，而建築園則是將江戶時期到昭和時代、極具文化價值的建築拆遷至此，讓人可以走入歷史、走入古代人的生活。

武藏小金井

江戶東京建築園（江戶東京たてもの園）

「江戶東京建築園」整個園區分成3大區，西區與中央區有名人宅邸與農家，東區有文具店、醬油店等商家和澡堂等建築。在這當中只有「萬世橋派出所」是整棟原封不動用拖板車直接搬來，而鮮花店、植村邸等四方形建築，因為外觀扁平較容易掛上招牌，所以在日本稱作「看板建築」，並為了加強防火功能而在最外層裝上銅板，因此也叫「銅板建築」。

如果你是《神隱少女》（千と千尋の神隠し）迷，請別錯過東區的「武居三省堂」與「子寶湯」這2棟建築，據說鍋爐爺爺的鍋爐室，乃仿照了前者的收納櫃呢！武居三省堂原本從事書法用品批發生意，兩側設有各種尺寸的收納用抽屜，此建築最酷的地方在1樓連結地下室處，有個利用高低差構成的傳遞空間，這麼一來就能快速將收納在地下室的商品直接遞送到1樓。而千尋打工的湯屋，則參考了「子寶

左 「武居三省堂」1樓與地下室之間有個利用高低差打造而出的空間，這樣就能快速傳遞放置在地下室的商品。

右 「丸二商店」是一間雜貨屋，漂亮的銅板裝飾能強化防火功能。

湯」這座錢湯，平時去錢湯不能拍照，
不如就來子寶湯拍個過癮吧！

　　占地寬廣的江戶東京建築園，是個
拍照的好地方，又因每棟建築都有不同
的故事，因此造訪前若能先了解一下，
相信一定會更有收穫。

🔵 來到「常盤台寫真館」的2樓，專業的工作人員會帶
　　你回到過去，幫忙拍下超復古的相片喔！

🔴❷ 「子寶湯」是東京傳統澡堂的代表性建築，千尋
　　打工的湯屋也參考了這棟建築。

江戶東京建築園

🚇 （1）JR中央線武藏小金井站下車後，到北口2
　　號、3號巴士亭轉搭西武巴士武12、武13、
　　武21、武15，在「小金井公園西口站」下
　　車，徒步約5分鐘。

　　（2）JR中央線武藏小金井站下車後，到北口4號
　　巴士亭轉搭關東巴士鷹33，在「江戶東京建
　　築園前站」下車，徒步約3分鐘。

📍 東京都小金井櫻町3-7-1
　　3 Chome-7-1 Sakurachō, Koganei-shi, Tōkyō-to

📞 042-388-3300

🕐 （4月〜9月）9：30〜17：30
　　（10月〜3月）9：30〜16：30

🚫 週一（如遇日本國定假日則改為隔天）、歲末年
　　初

💰 成人¥400／65歲以上¥200／大學生¥320／國高
　　中生¥200／小學以下、在東京都內居住或就學的
　　中學生免費

🌐 http://tatemonoen.jp/zh-tw/

吉祥寺

SUNROAD商店街&口琴橫丁

　　「SUNROAD商店街」的入口位於吉祥寺站北口的對面，形形色色的商家絕對會讓人逛到腳軟。面對入口的左邊，有塊居酒屋、酒吧聚集地叫作「口琴橫丁」（ハーモニカ横丁），狹窄的巷內擠滿各式各樣「喝一杯」的好地方，入夜後總是人聲鼎沸。若打算多花一點時間在吉祥寺一帶遊走，建議最後再回商店街採購，免得大包小包有礙行動，最後還可以繞去口琴橫丁喝一杯再走。

> **SUNROAD商店街**
> 🚇 JR中央線、京王井之頭線吉祥寺站北口徒步約1分鐘
> 📍 東京都武藏野市吉祥寺本町1-15-1
> 　 1 Chome-15-1 Kichijōji Honchō Musashino-shi, Tōkyō-to
> 📞 042-221-2202
> 🌐 http://www.sun-road.or.jp

長長一條商店街，什麼都有、什麼都好買，建議安排在最後。

SATOU牛肉丸

　　來吉祥寺沒吃「SATOU」的牛肉丸就好像沒來過一樣。長長的人龍數年來如一日，店員拚命地炸，顧客也拚命地買。加了洋蔥的手打牛肉丸，吃起來鮮嫩又多汁，牛肉丸單買1個¥240，若買5個以上，就能享有優惠價，1個變¥200。

> **SATOU**
> 🚇 JR中央線、京王井之頭線吉祥寺站北口徒步約3分鐘
> 📍 東京都武藏野市吉祥寺本町1-1-8
> 　 1 Chome-1-8 Kichijōji Honchō, Musashino-shi, Tōkyō-to
> 📞 042-222-3130
> 🕐 10：00～19：00
> ⊗ 全年無休

🔼 來到店前不要以為怎麼冷冷清清，購買牛肉丸的排隊人潮就在店的正對面等待著你。（購買其他商品不用排隊唷。）
🔽 現炸的牛肉丸是來吉祥寺必吃的美食之一，不吃牛肉的人也可以選擇豬肉或其他口味。

吉祥寺本店 KAREL TEA LIBRARY

「Karel Capek 紅茶專賣店」的紅茶包，是造訪吉祥寺必買的伴手禮。這間店由插畫家山田詩子開設，熱愛紅茶的山田小姐不只是插畫家，也是日本紅茶協會認可的紅茶講師，因此這間店除了有講究的紅茶與精選茶具，茶包與禮盒的包裝也採用可愛的插畫設計，送禮自用兩相宜。店內也備 有英式鬆餅等茶點，喜歡吃冰淇淋的朋友，請別錯過帶有芬芳茶香的盧哈娜紅茶冰淇淋（別格濃厚ルフナ紅茶ソフトクリーム¥450）。

香醇美味的紅茶冰淇淋，小蜜蜂包裝也可愛極了，還附好吃的糖酥。

吉祥寺本店 KAREL TEA LIBRARY
- JR中央・總武線、京王井之頭線吉祥寺站北口徒步約5分鐘
- 東京都武蔵野市吉祥寺本町2-17-5 2 Chome-17-5 Kichijōji Honchō, Musashino-shi, Tōkyō-to
- 042-223-0488
- 11：00～20：00
- 全年無休
- https://www.karelcapek.co.jp

「Karel Capek 紅茶專賣店」雖然是一間紅茶專賣店，但卻像走入童話世界一樣。

Dans Dix Ans麵包店

這間超火紅的麵包店如此受歡迎不是沒有原因的，師傅製作每一種麵包都有他自己的堅持，不隨波逐流，不但親自拜訪農家，也時常為了做出好的麵包而反覆研究。「Dans Dix Ans」是法文「10年後」之意，隱含著希望10年後也能繼續製作受顧客喜愛的麵包之意。**店內的麵包擺在展示櫃裡，挑選好麵包後再請店員幫忙夾取。**買完麵包除了可以在一旁的公園好好享用外，帶著麵包到風景優美的井之頭恩賜公園野餐也是不錯的選擇。

除了土司之外，還有其他各式豐富的選擇，每月也會推出季節限定的商品。

Dans Dix Ans
- JR中央・總武線、京王井之頭線吉祥寺站北口徒步約10分鐘
- 東京都武蔵野市吉祥寺本町2-28-2 B1F B1, 2 Chome-28-2 Kichijōji Honchō, Musashino-shi, Tōkyō-to
- 042-223-2595
- 10：00～18：00
- 週二
- http://www.dans10ans.net/

麵包店位於地下1樓，入口就在這棵大樹旁，相當隱密。

Marionette

　　位於東急百貨附近的「Marionette」，販售商品以歐洲進口枕頭套與地毯為主，另有散發浪漫氣息的家居服、家飾用品與精選雜貨，門口擺放著各式遮陽帽與雨具，風格典雅又實用。

Marionette大正通店

- 🚇 JR中央‧總武線、京王井之頭線吉祥寺站北口徒步約5分鐘
- 🏠 東京都武藏野市吉祥寺本町2-8-1
  2 Chome-8-1 Kichijōji Honchō, Musashino-shi, Tōkyō-to
- ☎ 042-223-1852
- 🕐 11：00～20：00
- 🈺 全年無休

● 這間精品雜貨屋位在東急百貨吉祥寺店旁，店內商品走浪漫、典雅路線。

● 可收納成小小一包的風衣造型雨衣（レインコート ¥4500＋税），超時尚又實用，而且攜帶方便。

White atelier BY CONVERSE吉祥寺店

　　CONVERSE在日本開設的第2家客製化白鞋店「White atelier BY CONVERSE」，地點就在吉祥寺，可在白鞋上印上自選圖案，並當場直接印製，最後再配上自己喜歡的鞋帶與裝飾，最快約1小時，就能打造自己專屬的帆布鞋。

White atelier BY CONVERSE 吉祥寺店

- 🚇 JR中央‧總武線、京王井之頭線吉祥寺站北口徒步約6分鐘
- 🏠 東京都武藏野市吉祥寺本町2-15-4
  2 Chome-15-4 Kichijōji Honchō, Musashino-shi, Tōkyō-to
- ☎ 042-229-0131
- 🕐 11：00～20：00
- 🈺 不定期公休
- 🌐 http://whiteatelier-by-converse.jp

● 吉祥寺店位於東急百貨旁的小巷，店內空間相當寬敞。

● 從印花目錄中挑選自己喜歡的圖案當場印製，1個小時左右就可以把鞋捧回家啦！

7

一日行程自由選

B-COMPANY

　　許多人來日本都喜歡採買家飾用品，來到吉祥寺當然也不能錯過日本知名的連鎖家飾店「B-Company」囉！店內擺滿北歐、復古、鄉村風等各種風格的家具與家飾，是布置房間的好選擇。

知名連鎖家飾店「B-COMPANY」除了販售各式家具與家飾外，也備有不少日用雜貨。

B-COMPANY
🚇 JR中央・總武線、京王井之頭線吉祥寺站北口徒步約3分鐘
📍 東京都武藏野市吉祥寺本町2-2-3 2 Chome-2-3 Kichijōji Honchō, Musashino-shi, Tōkyō-to
☎ 042-223-6166
🕐 11：00～20：00
🈺 週三
🌐 http://www.b-company.co.jp

coeur de coeur

　　藍白相間、外觀相當引人關注的「coeur de coeur」，是一間歐洲進口雜貨屋，店內也跟外觀一樣可愛，販售著五花八門的商品，並以生活用品居多，還有各式各樣的慕敏（MOOMIN）商品呢！

🅐 路過此地，一定會被那超可愛的外觀吸引。
🅑 店內販售多款慕敏商品，慕敏迷必逛！

coeur de coeur
🚇 JR中央・總武線、京王井之頭線吉祥寺站北口徒步約3分鐘
📍 東京都武藏野市吉祥寺本町2-17-14 2 Chome-17-14 Kichijōji Honchō, Musashino-shi, Tōkyō-to
☎ 042-222-2337
🕐 11：00～21：00
🈺 全年無休

弁天湯

沒想到步行者的天堂也有傳統大眾澡堂吧！牆上的壁畫、寬敞的浴池，一切都維持傳統澡堂的風貌，而且這間澡堂還曾以浴池作為舞台，舉辦過「澡堂搖滾音樂會」（風呂ロック）呢！

弁天湯

🚇 JR中央・總武線、京王井之頭線吉祥寺站北口徒步約7分鐘

📍 東京都武藏野市吉祥寺本町2-27-13
2 Chome-27-13 Kichijōji Honchō, Musashino-shi, Tōkyō-to

📞 042-228-307

🕐 15：40〜23：00

🈳 週四

逛累了，就來澡堂泡個澡再繼續前進吧！澡堂從傍晚開始營業。

Free Design

「Free Design」位於建築物的2樓，店內空間雖然不大，卻擺滿了從北歐、美國以及日本各地收集而來的生活用品，不僅每件商品都充滿設計感，並妥善利用空間不定期舉辦主題特賣會。

⬆ 右側的樓梯通往2樓入口，一不注意就會錯過這麼一家好店。

⬇ 店內的特設區正在販售的精選商品，來自歷史悠久的丹麥超級市場「IRMA」，以小女孩作為LOGO是一大特色。

Free Design

🚇 JR中央・總武線、京王井之頭線吉祥寺站北口徒步約5分鐘

📍 東京都武藏野市吉祥寺本町2-18-2
2 Chome-18-2 Kichijōji Honchō, Musashino-shi, Tōkyō-to

📞 042-221-2070

🕐 11：00〜20：00

🈳 歲末年初

🌐 https://freedesign.jp

CHECK&STRIPE

超人氣布行在吉祥寺開設的分店，喜歡自己動手DIY的朋友們一定會喜歡。這間店販售許多有質感的布料、緞帶與燙布貼等裁縫用品，並將店內的一部分設置成雜貨區，販售提袋等各種生活用品。

🔼 本店位於神戶的「CHECK&STRIPE」還備有原創布料，裁縫相關用品相當豐富。

🔽 除了裁縫用品之外，店內也販售精選雜貨。

CHECK&STRIPE

🚇 JR中央・總武線、京王井之頭線吉祥寺站北口徒步約10分鐘

📍 東京都武藏野市吉祥寺本町2-31-1
2 Chome-31-1 Kichijōji Honchō, Musashino-shi, Tōkyō-to

☎ 042-223-5161

🕙 10：00～19：00

🈺 歲末年初

🌐 http://checkandstripe.com

marble SUD

位於紅茶專賣店斜對面的「marble SUD」以販賣手繪T恤起家，不但推出各式原創服飾，也有自己的原創角色，在日本各地都有分店，吉祥寺分店的店內則擺放著波士頓古董家具，是一間氣氛溫馨的小店。

marble SUD　吉祥寺分店

🚇 JR中央・總武線、京王井之頭線吉祥寺站北口徒步約7分鐘

📍 東京都武藏野市吉祥寺本町2-18-15 武藏野カントリーハイツ107
2 Chome-18-15 Kichijōji Honchō, Musashino-shi, Tōkyō-to

☎ 042-227-5933

🕙 12：00～20：00

🈺 全年無休

🌐 https://www.marble-sud.com

「marble SUD」販售充滿個性的原創商品，可愛又逗趣的動物大明星叫人一見傾心。

西荻窪

NORABO（たべごと屋のらぼう）

與吉祥寺相隔1站的西荻窪，雖然不像吉祥寺那麼熱鬧，卻藏著許多個性派小店，唯有深入東京的行家才知道這個好地方。在這樣的好地方裡，有一間超難預約的食堂叫作「NORABO」，是當地友人推薦的名店，吃過一次絕對難忘。

此店距離車站約走路10分鐘的距離，隱藏在住宅區的小巷內。料理依當天進貨的食材而異，沒有固定的菜單，並以西荻窪生產的蔬菜為中心。每一道菜都充分發揮了食材本身的原味，就連搭配料理的沾醬、配料與擺盤都十分講究，讓人能夠在有如自家餐廳般的溫馨環境裡，邊喝著美酒，邊享用精緻又美味的和食。要注意的是，此店只備有日文菜單，因此對於不懂日文的人而言也許是個挑戰，不過熱愛美食的食客啊！為了美食，請抱著翻譯機衝吧！衝吧！

🔼 隱藏在巷內的溫馨小店，深受在地人喜愛。

🔼 健康又美味的沙拉，還沒入口先帶來絕妙的視覺享受。

🔽 每道菜的擺盤及使用的器皿也很講究。

🔽 香噴噴的鮮魚鍋燒飯讓人看了食指大動。

NORABO

🚇 JR中央‧總武線西荻窪站徒步約10分鐘

🏠 東京都杉並区西荻北4-3-5
　　4 Chome-3-5 Nishiogikita, Suginami-ku, Tōkyō-to

☎ 03-3395-7251

🕐 17：00～23：00

🚫 週一與隔週的週日

03
谷根千下町慢遊遊

千駄木		谷根千	根津
10：00 千駄木RISAKU （請參考P76）	10：00 大平製麵包	11：00 暢遊谷中、根津、 千駄木連結而成 的下町老街	16：00 手打蕎麥麵體驗 （請參考P128） 17：30 享用親手製作的 蕎麥麵當晚餐

大平製麵包

在復古小區吃傳統麵包是一定要的啊！這間千馱木車站旁的夾心麵包專賣店，將所售麵包分成2大類：第一類是夾入肉排、熱狗、鮪魚、蛋等內餡的鹹麵包，另一種則是現點現做的果醬甜麵包。在這之中，請一定要試試經常在漫畫或日劇裡出現的炒麵麵包（焼きそば¥250），炒麵的調味與麵包的滋味配得剛剛好，麵包上還印了可愛的LOGO呢！

經典的
炒麵麵包

大平製麵包
- 🚇 東京Metro千代田線千馱木站1號出口徒步約5分鐘
- 🏠 東京都文京区千馱木2-44-1
  2 Chome-44-1 Sendagi, Bunkyō-ku, Tōkyō-to
- 🕐 （週二～週五）8：00～19：00
  （週六、週日、日本國定假日）8：00～18：00
- 💤 週一、不定期公休（請參考官方FB）
- FB https://www.facebook.com/ohiraseipan/

🔼 打開這間復古小店的大門，滿山滿谷的各式麵包就在門後等待著你。

🔽 必吃的炒麵麵包配上復古包裝的栃木牛奶（¥100）真是絕配。

根津神社

曾在夏目漱石等日本文豪的作品中出現過的「根津神社」，是東京最古老的神社，有將近2千年的歷史，華麗的社殿是將軍德川綱吉所建。而此神社最有名的就是杜鵑花祭，每年一到4月下旬，約3千株的百種杜鵑花，就會在占地約2千坪的杜鵑花苑裡盛開，參觀費用為1人¥200，計畫前去賞花的人，請事先上官網確認花況。此外，根津神社旁還有個乙女稻荷神社，此神社最有名的就是迷你版的千本鳥居，一整排紅色鳥居非常壯觀，造訪根津神社時，也別忘了到乙女稻荷神社一訪唷！

根津神社
- 🚇 東京Metro千代田線根津站、千馱木站1號出口徒步約5分鐘
- 🏠 東京都文京区根津1-28-9
  1 Chome-28-9 Nezu, Bunkyō-ku, Tōkyō-to
- 📞 03-3822-0753
- 🌐 http://www.nedujinja.or.jp

🔼 東京僅存的一座江戶時代的樓門。這座樓門以及本殿等7棟境內的建築皆被指定為日本國寶。

🔽 乙女稻荷神社的迷你版千鳥居，是信眾們最愛停留的地方。

7

一日行程自由選

龜之子束子棕刷

　　有百年歷史的「龜之子束子」，在谷根千有間時尚的分店，白色的外觀就像一間精品店一樣，而店內也巧妙地運用棕刷做成各種漂亮的裝飾。此品牌的代表性商品棕刷，在年輕社長的努力下，換上了時尚的新風貌卻又不失傳統，以前只能拿來刷洗的棕刷，現在成了健康的按摩道具、以及為人帶來好運的幸運鑰匙圈，而另一款表面塗有銀離子的海綿，則將抗菌力維持時間延長6倍，在使用上更叫人安心，因此也成為人氣商品。

龜之子束子

🚇 東京Metro千代田線千駄木站1號出口徒步約6分鐘

🏠 東京都台東區谷中2-5-14
　　2 Chome-5-14 Yanaka, Taitō-ku, Tōkyō-to

☎ 03-5842-1907

🕐 11：00～18：00

🛌 週一（如遇日本國定假日，則改為週二休息）

🌐 https://www.kamenoko-tawashi.co.jp

🔵 此品牌與庫柏力克熊合作的聯名商品，身體印上了大大的傳統LOGO，既復古又可愛。

🔵 雙色棕刷成了幸運鑰匙圈，還掛上象徵此品牌的烏龜。

龜之子束子的谷中分店，在門口吊了可愛的大棕刷，並用片假名拼出店名，讓傳統棕刷店變成時尚精品店。

谷中仙貝信泉堂

　　從日暮里站通往谷中銀座商店街的路上，會經過一間仙貝老店，它的玻璃展示櫃裡擺滿各種口味的仙貝，初次造訪的人建議可以選擇基本款，也就是原味仙貝（堅丸；1片¥70）與糖霜仙貝（ザラメ；1片¥70），是咬一口就能回味美好年代的樸實好滋味。

谷中仙貝信泉堂

🚇 JR各線日暮里站西口徒步約3分鐘

🏠 東京都台東區谷中7-18-18
　　7 Chome-18-18 Yanaka, Taitō-ku, Tōkyō-to

☎ 03-3821-6421

🕐 9：30～18：20

🛌 全年無休

🔵 上面有層砂糖的糖霜仙貝，吃起來不會太甜唷！

🔵 原味仙貝吃得到醬油香。可以單片購買真的很方便，試了滿意再多買幾片。

許多人來到谷根千，都愛帶幾片傳統仙貝店的仙貝當作伴手禮，裝仙貝的圓形大玻璃罐復古又可愛。

菊見煎餅總本店

靠近千駄木站的「菊見煎餅」是間老字號仙貝煎餅店，四四方方的仙貝光看就覺得很古早味，而且這間店還有罕見的「茶仙貝」（茶せんべい；1片¥65）耶！帶有茶香的仙貝又香又脆又好吃。

四四方方的茶仙貝與甜仙貝（1片¥65）相當酥脆。

菊見煎餅　總本店

- 🚃 東京Metro千代田線千駄木站1號出口徒步1分鐘
- 📍 東京都文京区千駄木3-37-16
  3 Chome-37-16 Sendagi, Bunkyō-ku, Tōkyō-to
- ☎ 03-3821-1215
- 🕙 10：00～19：00
- 🚫 週一

冰蜜堂（ひみつ堂）

若只因吃了日本廟會上的糖漿刨冰，就對日本刨冰印象大打折扣的話，實在太可惜了，因為谷根千有家名為「冰蜜堂」的冰店，這裡的刨冰真的超好吃，就算排隊排再久都要吃。此店最大的特色就是採用**日光天然冰磚**，此冰磚是在冬天將山泉水灌入製冰池，讓水自動結冰製成。店員會在細緻的刨冰上淋滿店家特製的新鮮果醬，刨冰入口即化、味道清甜。建議一早先去拿號碼牌，逛逛老街再回店，號碼牌上會註明回店的時間，但並不是在上面的時間回來就有得吃，而是照上面的時間回店再排一下就能吃到。

店家的招牌牛奶冰，是搭配草莓內館與草莓製成的「HARUICHIMI」（春いちみ¥1300）。

冰蜜堂

- 🚃 JR各線日暮里站西口徒步約4分鐘／東京Metro千駄木站2號出口徒步約6分鐘
- 📍 東京都台東区谷中3-11-18
  3 Chome-11-18 Yanaka, Taitō-ku, Tōkyō-to
- ☎ 03-3824-4132
- 🕙 11：00～20：00（週六、週日早上10點開始營業）
  ※營業時間因季節而異，詳情請見官方Twitter
- 🚫 依季節而異
- 🌐 http://himitsudo.com
- 🐦 https://twitter.com/himitsuno132

先去領號碼牌

一年四季排隊人潮不曾間斷，要吃冰，建議最好一早先去領號碼牌。

谷中銀座商店街

　　「谷根千」由谷中、根津、千駄木這3區構成，許多人來到谷根千都喜歡把谷中銀座商店街當作第一站。這條知名老街歷史相當悠久，全長約170公尺，共有70多家商店聚集於此，無論平日還是假日，來來往往的人潮不曾間斷。此地還有個可愛的稱呼，因附近有許多貓咪出沒，因此也被稱為「貓街」，吸引大批貓奴們來此朝聖，不僅商店街四處可見可愛的貓咪模型，部分招牌也放上了貓咪圖案，甚至還有商家推出貓咪甜點呢！

谷中銀座商店街

- 🚇 JR各線日暮里站西口徒步約5分鐘／東京Metro千駄木站2號出口徒步約3分鐘
- 🏠 東京都台東區谷中3-13-1
  3 Chome-13-1 Yanaka, Taitō-ku, Tōkyō-to
- 🌐 http://www.yanakaginza.com

🔼 商店街四處可見可愛的貓咪模型，吸引觀光客的注意。

🔽 貓街最常看到的景象。大家爭相捕捉喵星人可愛的身影。

ICHIFUJI熟食店（惣菜いちふじ）

　　此店號稱谷中最便宜的熟食店，最有名的是1串才¥50的烤雞串，不過此店除了串燒之外，可樂餅、炸雞、漢堡排等熟食也非常誘人，不但種類豐富，價格也很平易近人。此外，此店嚴格禁止拍照（此商店街許多店都禁止攝影），即使美食畫面再怎麼誘人，也要忍住哦！

ICHIFUJI

- 🚇 JR各線日暮里站西口徒步約5分鐘／東京Metro千駄木站2號出口徒步約3分鐘
- 🏠 東京都台東區谷中3-11-13
  3 Chome-11-13 Yanaka, Taitō-ku, Tōkyō-to
- ☎ 03-3827-6582
- 🕐 11：00～20：00
- 🚫 全年無休

🔼 此店以便宜著稱，烤雞串超便宜（やきとり¥50＋稅），一定要多吃幾串。

🔼 可樂餅控一定要吃爆漿蟹味可樂餅（カニクリームコロッケ¥100＋稅），建議最好趁熱享用。

鈴木肉店（肉のすずき）

曾被許多媒體介紹過的「元氣炸肉餅」
（元気メンチカツ；1個¥230）是以100%牛
肉製成，也是此店的招牌，外皮相當酥脆，加
入洋蔥的內餡紮實又有彈性，逛日本老街怎麼
能錯過炸肉餅呢！

ⓤ 不是此店冷冷清清，而是還沒開賣。店員已在一旁備戰，
　因為一開賣就會湧入排隊人潮。

ⓓ 來老街必吃的炸肉餅！記得趁熱享用喔！

> ### 鈴木肉店
>
> 🚇 JR各線日暮里站西口徒步約5分鐘／東京Metro千駄木站2
> 　號出口徒步約3分鐘
>
> 🏠 東京都荒川区西日暮里3-15-5
> 　3 Chome-15-5 Nishinippori, Arakawa-ku, Tōkyō-to
>
> ☎ 03-3821-4526
>
> 🕐 10：30～18：00（售完為止）
>
> 🈺 週一（週二不定期連休）

谷中貓尾屋（やなかしっぽや）

此店的甜點以貓咪尾巴作為造型，不但外
型可愛，口味也很豐富，還幫每種口味都起了
特殊的名字，對於食材也十分講究，難得有機
會來到貓街，快選條自己喜歡的貓咪尾巴吧！

ⓤ 小朋友們最喜歡可愛的貓咪尾巴小點心了。

ⓓ 命名為「kiki」的蔗糖口味點心棒（キキ¥110），每種口
　味的名字都不一樣。

> ### 谷中貓尾屋
>
> 🚇 JR各線日暮里站西口徒步約5分鐘／東京Metro千駄木站2
> 　號出口徒步約3分鐘
>
> 🏠 東京都台東区谷中3-11-12
> 　3 Chome-11-12 Yanaka, Taitō-ku, Tōkyō-to
>
> ☎ 03-3822-9517
>
> 🕐 10：00～18：00（六日與日本國定假日～19：00）
>
> 🈺 不定期公休

貓咪雜貨屋　布風船（猫雑貨のお店　布風船）

　　貓街當然不能少了貓咪雜貨店啦！這間開設在商店街裡的雜貨屋，售有許多獨一無二的手工雜貨，並以貓咪雜貨為主軸，在店內店外擺滿各式可愛的貓咪商品，除了貓咪之外，也有小狗圖案的雜貨呢！

🔺 商品種類相當豐富，連店外都放著滿滿的商品。
🔻 可愛的貓咪水壺套，露出呆萌的表情（ペットボトルホルダー
　　大¥1080；小¥918）。

> **布風船**
>
> 🚉 JR各線日暮里站西口徒步約5分鐘／東京Metro千駄木站2號出
> 　　口徒步約3分鐘
> 🏠 東京都台東區谷中3-11-14
> 　　3 Chome-11-14 Yanaka, Taitō-ku, Tōkyō-to
> ☎ 03-5685-6788
> 🕐 11：30～18：30
> 🈺 不定期公休

金吉園

　　想找尋貓咪瓷器嗎？「金吉園」這間店，除了販售茶葉與茶器外，還有許多可愛的貓咪瓷器用品喔！從貓咪茶壺、茶杯、筷架到碗，多元化的貓咪商品絕對會讓人愛不釋手。還有和風氣息濃厚的茶罐，很適合作為伴手禮。

🔺 店內店外擺滿各種圖案的瓷器，快進去找尋可愛的貓咪瓷器吧！
🔻 復古又典雅的茶罐做成了最能代表日本的富士山造型，還可以
　　當作置物盒。

> **金吉園**
>
> 🚉 JR各線日暮里站西口徒步約5分鐘／東京Metro千駄木站2號出
> 　　口徒步約3分鐘
> 🏠 東京都台東區谷中3-11-10
> 　　3 Chome-11-10 Yanaka, Taitō-ku, Tōkyō-to
> ☎ 03-3823-0015
> 🕐 10：00～19：00
> 🈺 週三

越後屋本店

受到當地居民愛戴的「越後屋本店」，備有日本酒、燒酒、葡萄酒等各種美酒，逛累了的時候，何不跟當地人一樣坐在店外，喝一杯冰冰涼涼的琥珀生啤（¥400）呢？若能配上隔壁肉舖的炸肉餅那就更棒了。

🔵 塑膠酒箱成了現成的桌椅，快入境隨俗來一杯吧！屋頂上還有小貓出沒喔！

越後屋本店

🚇 JR各線日暮里站西口徒步約5分鐘／東京Metro千駄木站2號出口徒步約3分鐘

📍 東京都台東区谷中3-13-2
　 3 Chome-13-2 Yanaka, Taitō-ku, Tōkyō-to

📞 03-3821-0983

🕐 10：00～21：00（週日、日本國定假日～20：00）

🈳 全年無休

向陽拉麵（麵やひだまり）

此店的招牌是「和風鹽味拉麵加蛋」（味玉和風塩らぁ麵¥850），鹽味拉麵名店「麵屋宗中目黑店」的店長獨立後，在千駄木開了這間拉麵店，以雞湯為底的湯頭相當清爽，並附上烤到微焦的美味叉燒，一定要嚐嚐。

🔺 時尚的店面讓女生也能輕鬆入店。
🔻 鹽味拉麵的叉燒烤過之後呈微焦狀態，拉麵吃起來清爽不油膩。

向陽拉麵

🚇 東京Metro千代田線千駄木站1號出口徒步約6分鐘

📍 東京都文京区千駄木3-43-9
　 3 Chome-43-9 Sendagi, Bunkyō-ku, Tōkyō-to

🕐 11：30～22：00

🈳 全年無休

mammies

　手工派專賣店「mammies」的店面看起來非常不起眼，但美味可不打折。此店販售的蘋果派派皮酥脆，而且蘋果切得超大塊，喜愛甜食的朋友吃了之後一定會直呼過癮，擔心吃不完一整個派的人，也可以只買單塊（アップルパイ¥385）。

👆 走過超容易錯過的手工派專賣店，真錯過就太可惜啦。

👇 蘋果派的內餡超實在，大大的蘋果塊實在驚人。

蘋果
超大塊

mammies
🚇 東京Metro千駄木站2號出口徒步約1分鐘
🏠 東京都台東区谷中3-8-7
3 Chome-8-7 Yanaka, Taitō-ku, Tōkyō-to
☎ 03-3822-8166
⏰ 10：00～19：00
（週六、週日、日本國定假日9：00開始營業）
🈺 不定期公休

CIBI

　白色牆面上用深藍色寫上「CIBI」幾個大字、以倉庫改造而成的「CIBI」複合式咖啡店，販售各式咖啡、飲品、麵包與甜點，店內的一角還放著原創雜貨，寬敞又舒適的用餐空間，是旅途中的最佳休息站。

精選
咖啡店

CIBI
🚇 東京Metro千代田線千駄木站2號出口徒步約3分鐘
🏠 東京都文京区千駄木3-37-11
3 Chome-37-11 Sendagi, Bunkyō-ku, Tōkyō-to
☎ 03-5834-8045
⏰ 8：00～18：00
🈺 全年無休
🌐 https://www.cibi.jp

👆 店面以倉庫改建而成，室內空間十分寬敞。咖啡也可外帶。

👇 早上8點就開門的「CIBI」，備有天然酵母製成的各式麵包與早餐組合。

谷中咖啡店（やなか珈琲店）

　　飄出陣陣咖啡香的「谷中咖啡店」，走入店內可看到琳瑯滿目的生豆近在眼前，不但可請烘豆師現場烘豆，同時也備有已烘好的咖啡豆提供給趕時間的顧客。此店以外帶顧客為主，店內只放了簡單的長椅供顧客使用。

🔼 小小的店面放滿各式生豆與咖啡豆，飄出陣陣的咖啡香。

🔽 此店以販賣咖啡豆為主，也提供幾種外帶咖啡（拿鐵咖啡；ミルクコーヒー¥290）

谷中咖啡店

🚉 JR各線日暮里站西口徒步約5分鐘／東京Metro千駄木站2號出口徒步約3分鐘

📍 東京都台東区谷中3-8-6
　 3 Chome-8-6 Yanaka, Taitō-ku, Tōkyō-to

📞 0120-874-877

🕙 10：00～20：00

🈺 全年無休

🌐 https://www.yanaka-coffeeten.com

KAYABA COFFEE（カヤバ珈琲）

　　於1938年開業的這間歷史悠久的咖啡老店，建築物本身已有百年歷史，後經建築師永山裕子重新改裝，至今屹立不搖。此店最有名的就是雞蛋三明治（たまごサンド¥500），鬆軟的土司上除了奶油外，還塗上了黃芥末呢！

在老宅裡喝下午茶，別有一番風味。

KAYABA COFFEE

🚉 JR各線日暮里站西口徒步約10分鐘／東京Metro根津站1號出口徒步約10分鐘

📍 東京都台東区谷中6-1-29
　 6 Chome-1-29 Yanaka, Taitō-ku, Tōkyō-to

📞 03-3823-3545

🕙 8：00～21：00（週日～18：00）

🈺 全年無休

🌐 http://kayaba-coffee.com/

雞蛋三明治是此店的招牌，看看那煎蛋可真厚啊！

宮崎駿大樹

　　這棵位於谷中地區中心的雪松，就像是宮崎駿動畫裡會出現的大樹一樣，成為谷中的象徵，許多人都會拿著畫板來此寫生，也唯有保留傳統建築的谷中地區，才能欣賞到這樣的風景。如果你是宮崎駿迷，更不能錯失這個隱藏版景點。

高大的雪松就這樣矗立在三叉路口，守護著這裡的居民。

宮崎駿大樹
✕ 東京Metro根津站1號出口徒步約7分鐘
地 東京都台東區谷中1-6-15 　　1 Chome-6-15 Yanaka, Taitō-ku, Tōkyō-to

SCAI THE BATHHOUSE

　　利用公共澡堂改造而成的「SCAI THE BATHHOUSE」是一間當代藝術館，建築物本身有2百多年的歷史，至今依然保留了當年的痕跡。在改造成藝術館後，頻繁推出新的展覽，成功帶回往日熱鬧的人潮。

SCAI THE BATHHOUSE
✕ JR各線日暮里站西口徒步約10分鐘／東京Metro 　　根津站1號出口徒步約10分鐘
地 東京都台東區谷中6-1-23 　　6 Chome-1-23 Yanaka, Taitō-ku, Tōkyō-to
☎ 03-3821-1144
🕐 12：00～18：00
休 週一、週日、日本國定假日及換展期間休館
網 https://www.scaithebathhouse.com/en/

當代藝術館進駐後，老舊的公共澡堂重獲新生。

Uenosakuragiatari（上野桜木あたり）

　　由3間日式老房子組合而成的這個複合式小區，包含了啤酒屋、麵包店、鹽與橄欖油專賣店，以及交流空間，來到這裡就好像造訪朋友家一樣，讓人倍感親切。啤酒屋裡還推出了只有此處才能喝到的谷中啤酒唷！在古色古香的老宅裡喝杯美酒，相信味道絕對非同凡響。

Uenosakuragiatari

- 🚇 JR各線日暮里站南口徒步約10分鐘／東京Metro千代田線千駄木站、根津站1號出口徒步約10分鐘
- 📍 東京都台東区上野桜木2-15-6
  2 Chome-15-6 Uenosakuragi, Taitō-ku, Tōkyō-to
- 🕗 8：00〜20：00（依店舖而異）
- 🈺 週一（如遇日本國定假日則改為隔日休息）
- 🌐 http://uenosakuragiatari.jp
- Ⓕ https://www.facebook.com/uenosakuragiatari

3棟古色古香的老宅改造而成的複合式小區裡，藏著幾間好店。

7

一日行程自由選

04
三角區域、世田谷線逍遙遊

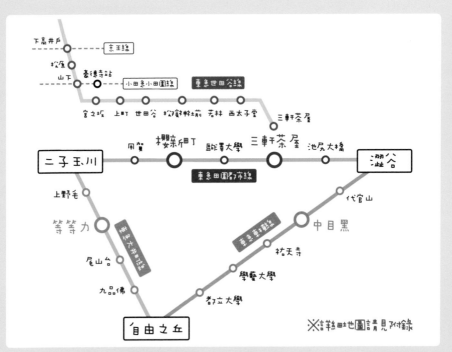

　　只要做好計畫，善用東急電鐵推出的優惠車票，就能在圖中的區域內輕鬆逍遙遊，何不空出一天的時間，任選2地以上大玩特玩呢？坐愈多站愈划算。快來看看以下的範例。

A計畫 使用「東急三角一日券」
　　　　（トライアングルチケット¥400）

使用範圍：涵蓋澀谷站、二子玉川站與自由之丘站所構成的三角範圍，一共17站

例：（澀谷→二子玉川）¥200＋（二子玉川→自由之丘）¥160＋（二子玉川→澀谷）¥160＝¥560。使用三角一日券只要¥400。

B計畫 使用「東急一日券套票」
　　　　（ワンデーオープンチケット¥660）

使用範圍：東急線全線（包含世田谷線）

例：（澀谷→三軒茶屋）¥160＋（世田谷線1日券）¥330＋（三軒茶屋→自由之丘）¥200＋（自由之丘→澀谷）¥160＝¥850。使用東急一日套票只要¥660。

以上兩種票券注意事項：
◎限當日有效
◎販售車站：東急線所有車站的自動售票機（兒童之國線、世田谷線各站除外）

東急東橫線中目黑站 TY03

史努比主題餐廳PEANUTS Café

「PEANUTS Café」距離中目黑車站走路約9分鐘，大大的白色建築物顯眼又寬敞。店裡1樓是工作區與周邊商品販賣區，並有簡單的用餐區，2樓的風格與1樓截然不同，備有溫馨的用餐空間，每個角落都放滿史努比迷絕對會尖叫連連的可愛收藏品，就連餐點也以史努比為主題，既可愛又美味。回家前別忘了把實用的周邊商品也一起帶回家喔！

PEANUTS Café
- 東急東橫線中目黑站徒步約9分鐘
- 東京都目黑区青葉台2-16-7
  2 Chome-16-7 Aobadai, Meguro-ku, Tōkyō-to
- 03-6452-5882
- 10：00～22：00
- 全年無休
- https://www.peanutscafe.jp/

以「糊塗塌客的鳥巢」（ウッドストックの果¥980＋税）為名的點心組裡，包含了小熱狗與薯條。

SAMON雞骨高湯關東煮
（鶏だしおでんさもん）

利用高架橋下寬敞空間開發而成的時尚購物天堂「中目黑高架下」，除了有知名的「蔦屋書店」、服飾店等多家購物名店外，還有多家美食餐廳，在此要推薦的是以雞骨高湯為招牌湯底的關東煮名店「SAMON」，此店由雞肉鍋名店「SHIMIZU」的老闆清水明先生策畫，雞骨高湯又香又甜，關東煮的種類也很豐富，並有川燙季節時蔬與適合搭配關東煮的精選美酒，還沒嚐過雞骨高湯關東煮的人一定要試試。

SAMON雞骨高湯關東煮
- 東急東橫線、東京Metro日比谷線中目黑站西口2徒步約2分鐘
- 東京都目黑区上目黑3-5-31
  3 Chome-5-31 Kamimeguro, Meguro-ku, Tōkyō-to
- 03-6712-2818
- 16：00～凌晨3：00
- 全年無休

必點白蘿蔔與魚豆腐。看似濃郁的湯頭，喝起來香甜又清爽，一點都不油膩。

東急東橫線自由之丘站 `TY07`

Mont St. Clair

　　知名甜點大師辻口博啟，在甜點一級戰區自由之丘一共有2間甜點店，其中一間是距離自由之丘站走路約10分鐘的「Mont St. Clair」。辻口大師善於在西點中融入和風元素，推出口味清爽的甜點，而此店的甜點也被列為自由之丘必吃的甜點之一。

Mont St. Clair

- 🚋 東急東橫線自由之丘站正面口徒步約10分鐘
- 📍 東京都目黒区自由が丘2-22-4
  2 Chome-22-4 Jiyūgaoka, Meguro-ku, Tōkyō-to
- ☎ 03-3718-5200
- 🕐 11：00～19：00
- 🚫 以週三、週四為主，不定期公休
- 🌐 http://www.ms-clair.co.jp/index.html
- Ⓕ https://www.facebook.com/montstclair.jiyugaoka

⬆ 雖然路途遙遠，但為了美味的蛋糕就讓我們走吧！走吧！

⬇ 此店的蒙布朗（モンブラン ¥580）深受顧客愛戴，並備有各種季節性商品。

自由之丘蛋糕捲屋（自由が丘ロール屋）

　　出生在日式甜點世家的辻口大師，在第一間甜點店成功後，推出了另一間只提供外帶的蛋糕捲專賣店，紅茶、抹茶、焦糖、水果……，蛋糕捲的口味相當豐富，蛋糕鬆軟濕潤、入口即化，樸實的蛋糕捲能為人帶來小確幸。

自由之丘蛋糕捲屋

- 🚋 東急東橫線自由之丘站正面口徒步約7分鐘
- 📍 東京都目黒区自由が丘1-23-2
  1 Chome-23-2 Jiyūgaoka, Meguro-ku, Tōkyō-to
- ☎ 03-3725-3031
- 🕐 11：00～19：00
- 🚫 週三、第3週的週二
- 🌐 http://www.jiyugaoka-rollya.jp/

⬆ 無論平日或假日總是擠滿購買人潮。一圈又一圈如蛋糕捲形狀的圖案即為店家LOGO。

⬇ 蛋糕捲的價位一塊在¥350～¥500之間。口味相當豐富。

Asrabbit服飾店

　　走美式休閒風的「Asrabbit」將總店開設在自由之丘，別看這小小一間店，此品牌成立已有3、40年的歷史。店裡商品種類相當豐富並採用優質的質料，除了印花獨特又舒適的T恤等服飾外，還販售包包、圍巾等各式配件。

Asrabbit
- 東急東横線自由之丘站南口徒步約1分鐘
- 東京都目黑区自由が丘1-8-5
  1 Chome-8-5 Jiyūgaoka, Meguro-ku, Tōkyō-to
- 03-3717-8322
- 11：00～20：00
- 全年無休
- http://asrabbit.com

獨具個性的T恤與可愛的圍巾，既好搭配又耐用。

小小一間店卻擺滿豐富的商品，喜愛美式休閒風的人必逛。

THE ESSENCE

　　「THE ESSENCE」是一間現炸薯條與曼斯納紅茶專賣店。曼斯納是斯里蘭卡頂級茶葉品牌，此店除了備有多種曼斯納風味茶之外，薯條也有多種口味可選，其中最特別的是「紅茶葉＆蜂蜜鹽」（紅茶葉＆ハニーソルト；單點¥350）口味，可品嚐到淡淡的茶香呢！

THE ESSENCE
- 東急東横線自由之丘站正面口徒步約2分鐘
- 東京都目黑区自由が丘1-27-2
  1 Chome-27-2 Jiyūgaoka, Meguro-ku, Tōkyō-to
- 11：00～20：00
- 不定期公休
- 只提供外帶
- http://theessence.jp

除了單點，此店也提供2種組合：A組合（薯條＋冷飲）¥500、B組合（薯條＋熱飲）¥550。

「THE ESSENCE」目前僅提供外帶，紅茶口味的薯條好吃又特別。

SUSUMUYA茶店（すすむ屋茶店）

　　自由之丘有許多與紅茶相關的店，但也別錯過好喝又可帶著走的日本好茶唷！這間讓傳統日本茶換上時尚新衣的日本茶店來自鹿兒島，除了販售茶葉與茶具外，還販售各種外帶茶飲與甜品，茶飲都是現點現沖的呢！

店內備有各式各樣的茶葉與茶包可選擇，甚至還有賣茶器呢！

SUSUMUYA茶店

🚇 東急東橫線自由之丘站正面口徒步約3分鐘

🏠 東京都目黑区自由が丘1-25-5
　　1 Chome-25-5 Jiyūgaoka, Meguro-ku, Tōkyō-to

🕙 10：00～19：00

🈺 全年無休

🌐 http://susumuya.com

📷 https://www.instagram.com/susumuya_chaten/

POPEYE CAMERA（ポパイカメラ）

　　已有約80年歷史的「POPEYE CAMERA」是一間沖洗店，也是一間相機雜貨屋，在這裡不但能沖洗相片，店內還擺滿了各式相機、底片、背帶，以及包含相框、相簿、紙膠帶在內的各式相機相關雜貨可供選擇，攝影迷們非來不可。

⬆ 外觀看起來就像一般的雜貨屋，但裡面卻藏了許多攝影迷最愛的寶。

⬇ 相框、相簿、紙膠帶……，琳瑯滿目的商品讓人目不暇給。

POPEYE CAMERA

🚇 東急東橫線自由之丘站正面口徒步約2分鐘

🏠 東京都目黑区自由が丘2-10-2
　　2 Chome-10-2 Jiyūgaoka, Meguro-ku, Tōkyō-to

☎ 03-3718-3431

🕙 11：00～20：00

🈺 週三

🌐 http://www.popeye.jp

Frogs（フロッグス）

青蛙雜貨專賣店「Frogs」（フロッグス）裡裡外外放滿可愛的青蛙商品，各式收納袋、青蛙擺飾、家用品……等生活相關用品上全都是青蛙，就連衛生紙也印有青蛙圖案唷！快去這裡找尋你的青蛙王子吧！

連衛生紙都印上超可愛的青蛙圖案，一共有7種圖案（¥150＋税）。

Frogs

- 東急東橫線自由之丘站正面口徒步約3分鐘
- 東京都目黑区自由が丘2-9-10
  2 Chome-9-10 Jiyūgaoka, Meguro-ku, Tōkyō-to
- 03-5729-4399
- 11：30～19：00
- 週三
- https://www.frogs-shop.com

看到青蛙王子在對你招手了嗎？青蛙商品之多讓人嘆為觀止。

Today's Special

餐廚控的天堂在哪裡？就在「Today's Special」。這間店的1樓販售包含食品、餐具、廚房用品在內的生活雜貨，2樓販售居家用品與服飾，3樓則是餐廳。寬敞的購物空間內除了精選商品外，也有店家的原創商品，商品種類之豐富，建議餐廚控最好能多留點時間慢慢逛。

連造型磁鐵都可愛成這樣，實在是太犯規了。（造型磁鐵¥900～¥1800）

Today's Special

- 東急東橫線自由之丘站南口徒步約1分鐘
- 東京都目黑区自由が丘2-17-8
  2 Chome-17-8 Jiyūgaoka, Meguro-ku, Tōkyō-to
- 03-5729-7131
- 11：00～21：00（3樓餐廳營業到23：00）
- 全年無休
- https://www.todaysspecial.jp

店內擺滿豐富商品，叫餐廚控不失心瘋也難。雖然商品眾多，但購物空間相當寬敞，逛起來特別舒服。

7

一日行程自由選

Trainchi jiyugaoka

自由之丘不但是甜點天堂，同時也是雜貨聖地，若希望能將甜點、雜貨一網打盡，來唷！來唷！快來「Trainchi jiyugaoka」吧！這間由電車車庫改建而成的綜合商場鄰近自由之丘站的南口，從大家相當熟悉的「NATURAL KITCHEN」、販售生活精選雜貨與主題商品的「one's terrace」、吉祥寺紅茶名店「Karel Capek」、知名麵包屋「BOULANGERIE 淺野屋」、「谷中珈琲店」，到近年來超夯的可麗餅專賣店「comcrepe」，上下2層樓一共12家店，能一次滿足旅人的各種欲望，對於時間不多的人來說簡直就是福音啊！

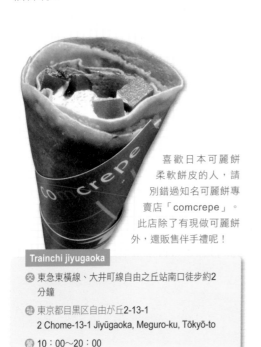

喜歡日本可麗餅柔軟餅皮的人，請別錯過知名可麗餅專賣店「comcrepe」。此店除了有現做可麗餅外，還販售伴手禮呢！

Trainchi jiyugaoka

🚃 東急東橫線、大井町線自由之丘站南口徒步約2分鐘

🏢 東京都目黒区自由が丘2-13-1
2 Chome-13-1 Jiyūgaoka, Meguro-ku, Tōkyō-to

🕙 10：00～20：00

以電車車庫改建而成的「Trainchi jiyugaoka」，集合雜貨屋、甜點店、咖啡店、餐廳等精選店家。離車站又近，得地利之便。

東急大井町線等等力站 OM13

等等力溪谷

想投向大自然的懷抱不一定要跑個大老遠，入口離等等力站非常近的「等等力溪谷」是東京都內為數不多的溪谷之一。此溪谷沿谷澤川而設的散步步道長約1公里，綠意盎然的自然景觀與治癒人心的潺潺水聲，讓人甚至忘了自己置身於東京。入口旁有座紅色的橋名為「高爾夫橋」，據說是因為從前過了橋就是高爾夫球場而得此名。這座溪谷不但是避暑之地，也是東京都內知名的賞楓景點呢！

┌ 等等力溪谷
🚇 東急大井町線等等力站徒步約5分鐘
🏠 東京都世田谷区等々力1-22
   1 Chome-22 Todoroki, Setagaya-ku,
   Tōkyō-to
☎ 03-3704-4972
   （玉川公園管理事務所）
🌐 http://www.city.setagaya.lg.jp/
   shisetsu/1217/1271/d00004247.html

左上 等等力溪谷最著名的「高爾夫橋」，鮮紅色的外觀非常搶眼。

左下 等等力溪谷公園的入口，順著樓梯向下走去，就像來到另一個世界一樣。

右 全長約1公里的步道，沿途有日本庭園、瀑布與古墳史蹟。

東急大井町線二子玉川站 OM15

購物天堂

　　喜歡看日劇的朋友，也許會對熱血棒球隊隊員奔跑在二子玉川河堤的場景感到熟悉，除此之外，二子玉川還是個購物天堂呢！包括**玉川高島屋**、**DOGWOOD PLAZA**、**RISE購物中心**、**蔦屋家電**在內，購物中心團團圍住二子玉川站，一出站就能奔向美好的購物世界。

　　就像台北的信義區一樣，二子玉川時尚的購物中心彼此相連，高島屋分成了本館、南館、西館、東館等，RISE購物中心更擁有5棟賣場，這裡的購物環境寬敞又舒適，品牌眾多、商品種類豐富，並備有完善的餐飲設施，就連知名的蛋糕店「HARBS」也在此設櫃，若與好友或家人一起來，即便購物取向不同也可以各自散開、各取所需，約個時間在站口集合即可，是不是很方便呢？

購物中心店家資訊

🚇 東急大井町線、東急田園都市線二子玉川站

🕐 （RISE購物中心）10：00～21：00
　　（蔦屋家電）9：30～22：30
　　（玉川高島屋）10：00～20：00
　　（DOGWOOD PLAZA）10：00～21：00

🈺 全年無休

🌐 （RISE購物中心）http://sc.rise.sc
　　（蔦屋家電）https://store.tsite.jp/futakotamagawa/
　　（玉川高島屋）https://www.tamagawa-sc.com
　　（DOGWOOD PLAZA）
　　http://www.dogwood-plaza.com

時尚百貨、購物中心林立

必吃甜點

🔼 一出西口即可看到「二子玉川高島屋」各館。

🔘 「HARBS」的水果千層蛋糕（ミルクレープ ¥830／單塊）一共6層，放滿新鮮的水果與鮮奶油，是此店的招牌。（DOGWOOD PLAZA 2F）

🔽 「蔦屋家電」除了販售各式新潮家電，也設置了書籍區、用餐區及舒適的休息區，讓人可以悠閒地賴在這裡。

東急田園都市線櫻新町站 DT05

海螺小姐之鎮

　　大家對於「櫻新町」這個名字也許有些陌生，不過對於《海螺小姐》（サザエさん）這部日本國民漫畫應該都很熟悉吧！曾向田河水泡大師拜師的長谷川町子老師，以漫畫《海螺小姐》聲名大噪，由該漫畫改編的動畫，還被金氏世界記錄認證為「放映時間最長的電視動畫」，而展示長谷川町子老師美術收藏品的「長谷川町子美術館」，就位在櫻新町這個地方，因此一出站即可在各個角落看到《海螺小姐》劇中人物的銅像與隨風飄揚的旗幟，整個小鎮就好像海螺小姐之鎮一樣。

長谷川町子美術館

- 🚇 東急田園都市線櫻新町站西口徒步約7分鐘
- 🏠 東京都世田谷区桜新町1-30-6
  1 Chome-30-6 Sakurashinmachi, Setagaya-ku, Tōkyō-to
- ☎ 03-3701-3995
- 🕐 10：00～17：30
- 🚫 週一、歲末年初、換展期間
- 💴 一般¥600／高中、大學生¥500／中小學¥400
- 🌐 http://www.hasegawamachiko.jp

美術館不定期更換展覽品，除了大師的收藏品外，也會舉辦《海螺小姐》特展。

🅛 櫻新町站的各個站口附近，都放置了劇中人物的銅像。

🅜 前往美術館的路上，四處可見劇中人物的立牌、海報與旗幟。

🅡 美術館旁的道路被命名為「海螺小姐通」，典雅的紅磚牆上以劇中人物作為裝飾。

Lien de SAZAESAN

　　來到海螺小姐之鎮，當然也要到海螺小姐的主題咖啡廳「Lien de SAZAESAN」坐一坐再走囉！這間主題咖啡廳位在前往長谷川町子美術館的路上，除了販售紀念款的造形餅乾外，還販售鬆餅、海螺小姐劇中人物的造形銅鑼燒與各式飲品，而且每種人物造形銅鑼燒的口味都不同，例如海螺小姐就分為巧克力奶油與起司這2種口味，1個價格約在¥150～¥200之間，並備有寬敞的用餐空間。

海螺小姐、波平與小玉的造形銅鑼燒，一次購買巧克力、紅豆、卡士達醬3種口味只要¥450。

Lien de SAZAESAN

- 交 東急田園都市線櫻新町站西口徒步約5分鐘
- 址 東京都世田谷区桜新町1-8-9
  1 Chome-8-9 Sakurashinmachi, Setagaya-ku, Tōkyō-to
- 電 03-5799-6781
- 營 10：30～19：00
- 休 週一（如遇日本國定假日則改為週二休息）
- 網 http://lien-de-sazaesan.com

「Lien de SAZAESAN」咖啡色的外觀不但融入當地街景又不失可愛。

TAKENO TO OHAGI（タケノとおはぎ）

　　牡丹餅（おはぎ）是一種以紅豆泥包裹麻糬或糯米飯做成的日式傳統點心。這家牡丹餅專賣店「TAKENO TO OHAGI」店名取自店主的祖母之名，除了販售TAKENO老奶奶傳授的2種傳統牡丹餅外，店主還加入了新的思維，使用當季食材、跳脫傳統，做出有如藝術品般的獨特牡丹餅。即使此店的外觀相當低調，但客人總是絡繹不絕，大家都為這五彩繽紛的牡丹餅深深著迷。來到櫻新町一定要嚐嚐這特別的日式點心唷！

使用當季食材金桔與昆布高湯製成的牡丹餅（¥310），實在是太特別了！

TAKENO TO OHAGI

- 交 東急田園都市線櫻新町站西口徒步約5分鐘
- 址 東京都世田谷区桜新町1-21-11
  1 Chome-21-11 Sakurashinmachi, Setagaya-ku, Tōkyō-to
- 電 03-6413-1227
- 營 12：00～18：00（售完為止）
- 休 週一、週二
- 臉 https://www.facebook.com/タケノとおはぎ-1665389700383515/

木盒裡裝著各種口味的牡丹餅，一共有7種口味，包含TAKENO老奶奶傳授的2種傳統牡丹餅。

FUKUNOKARA（福のから）

　　去看三軒茶屋大猩猩（P13）的路上，會經過一間連鎖炸雞專賣店，炸雞有鹽味、醬油、大蒜3種口味，鮮嫩多汁又入味，嚐過之後一定會一試成主顧，另有豬肉串、青椒鑲肉串等多種炸串，放在玻璃櫥窗裡讓人看了口水直流。除此之外，此店還販售各種口味的稻荷壽司，其中包

括放了柚絲並帶有淡淡香氣的柚子稻荷壽司，大家一定要試試。

除了必點的日式炸雞外，此店的柚香稻荷壽司也非吃不可。

FUKUNOKARA

🚇 東急田園都市線三軒茶屋站北口徒步約4分鐘

🏠 東京都世田谷区太子堂4-28-8
　　4 Chome-28-8 Taishidō, Setagaya-ku, Tōkyō-to

☎ 03-6453-2072

🕐 10：30～21：30

🌐 http://www.fukuraya.net/fukunokara/

放在櫥窗裡的各式油炸類商品，實在太誘人啦！

新月堂（ミカヅキ堂）

　　這間知名麵包店的麵包種類豐富，當中最出名的是維也納牛奶軟法（ミルクフランス￥200），奶油是以北海道濃縮牛奶與可爾必思混合而成，小小一條吃起來清爽不負擔，大家一買就是好幾條，來三軒茶屋必買！

新月堂

🚇 東急田園都市線三軒茶屋站北口徒步約4分鐘

🏠 東京都世田谷区太子堂4-26-7
　　4 Chome-26-7 Taishidō, Setagaya-ku, Tōkyō-to

☎ 03-6453-4447

🕐 10：00～19：00

休 週三

🌐 http://www.mikaduki-do.com

維也納牛奶軟法是此店的招牌，尺寸恰道好處，不會太大，幾乎人手一條。

這間麵包店由當地的知名餐廳「歐洲食堂」（ヨーロッパ食堂）開設，兩店距離很近。

7

一日行程自由選

世田谷線三軒茶屋站 SG01

從東急田園都市線三軒茶屋站，前往世田谷線三軒茶屋站，徒步約1～2分鐘，如欲搭乘世田谷線遊覽沿線風光，可選擇以此站為起點。除了可使用之前介紹過的東急一日券套票外，也可以購買世田谷線一日券，價格為¥330（小孩¥170）。接下來，就來逛逛世田谷線沿途的必訪神社和必踩店家吧！

※世田谷線官方網站：http://www.tokyu.co.jp/railway/station/sg.html

🔼 如欲購買一日券，請洽站務員，三軒茶屋站的入口在左手邊唷！

🔽 請記得前門上車、後門下車喔！上車時請刷卡或出示一日券。

世田谷線西太子堂站 SG02

太子堂八幡神社

喜歡收集朱印的朋友，一定要關注「太子堂八幡神社」，因為來到這間神社不但能收集到彩色朱印，而且朱印的圖案每月都會變換呢！除此之外，神社境內還有個兔子園，圓滾滾的兔子吸引各地兔迷前來朝聖。

🔼 此神社的彩色朱印十分出名，並配合季節、節慶變換朱印圖案。
🔽 境內的兔子是此神社的大明星，圓滾滾的模樣超可愛。

太子堂八幡神社

🚇 東急世田谷線西太子堂站徒步約5分鐘

🏠 東京都世田谷区太子堂5-23-4
　 5 Chome-23-4 Taishidō, Setagaya-ku, Tōkyō-to

☎ 03-3411-0753

🌐 https://www.taishido-hachiman.or.jp/

世田谷線若林站 SG03

Gallery Setagaya 233

充滿魅力的小小藝廊，也許能在此發現明日之星。

位於若林站與西太子堂站之間的「Gallery Setagaya 233」，備有格形展示區，以及10坪大小的個展空間，因為展示主題、類別、內容毫無限制，任誰都可以在此租個位置展示或販賣作品，因此有機會看到充滿個性的作品，說不定還能搶先目睹發跡前的明日之星喔。

Gallery Setagaya 233
- 🚃 東急世田谷線若林站徒步約3分鐘
- 🏠 東京都世田谷区若林1-11-10
  1 Chome-11-10 Wakabayashi, Setagaya-ku, Tōkyō-to
- ☎ 03-5430-8539
- 🕐 12：00～20：00
- 🈺 週二、第1與第3週的週三
- 🌐 http://233.jp

世田谷線松陰神社前站 SG04

松陰神社

此神社供奉的是思想啟蒙先驅吉田松陰，他也是一位教育家，並在叔父開的私塾教書，門生包括日本首任內閣總理大臣伊藤博文等多位重要人物，因此他也被封為學問之神，許多考生都會來此參拜。

松陰神社
- 🚃 東急世田谷線松陰神社前站徒步約3分鐘
- 🏠 東京都世田谷区若林4-35-1
  4 Chome-35-1 Wakabayashi, Setagaya-ku, Tōkyō-to
- ☎ 03-3421-4834
- 🕐 7：00～17：00
- 🌐 http://www.shoinjinja.org/

🔼 穿過松陰神社通商店街，即可看到松陰神社莊嚴的黑色大鳥居。

🔽 神社境內有復刻版「松下村塾」。真正的私塾位於山口縣松本村。

7

一日行程自由選

染谷肉舖（肉の染谷）

炸火腿排對台灣人來説也許較不熟悉，但對日本人而言可以説是國民小吃，尤其是肉舖賣的炸火腿排，不但深受大人喜愛，下了課的孩子們在回家路上也愛來一塊填填肚子。除了厚實的酥炸火腿排之外，也有炸魚排、可樂餅、炸春捲等多種選擇。既然來到東京，就快來感受一下炸火腿排的魅力吧！

國民小吃

染谷肉舖
- 🚇 東急世田谷線松陰神社前站徒步約2分鐘
- 📍 東京都世田谷区若林4-17-11
  4 Chome-17-11 Wakabayashi, Setagaya-ku, Tōkyō-to
- ☎ 03-3419-2941
- 🕐 9：00～19：30
- 🈺 週日

🔼 染谷肉舖堅持使用日本國產肉，並以便宜的價格提供美味的食物。
🔽 厚實的酥炸火腿排（ハムカツ¥140）

OGAWAYA（おがわ屋）

堅持純手工製作的關東煮，不含雞蛋、麵粉等添加物，每天都在店裡現炸，而且種類非常豐富，每一個都是真材實料，讓人不禁陷入選擇障礙，**不用下鍋煮，直接吃涼的也超好吃。**

🔼 深受當地居民喜愛的這間店，是家庭主婦的好夥伴。
🔽 茄子、香菇、毛豆、蝦捲，個個料多美味，價格也很實在。

真材實料

OGAWAYA
- 🚇 東急世田谷線松陰神社前站徒步約2分鐘
- 📍 東京都世田谷区若林3-17-10
  3 Chome-17-10 Wakabayashi, Setagaya-ku, Tōkyō-to
- ☎ 03-3414-7914
- 🕐 10：00～19：00
- 🈺 週一、週日、日本國定假日

All About My Croquette

　　可樂餅居然也有專賣店?!愛吃可樂餅的店主原本從事媒體工作,當時有機會與烹飪專家一起製作原創可樂餅,後來乾脆在松陰神社前站開了這間可樂餅專賣店,並推出各種不同的原創口味。這裡的每個可樂餅都是現點現炸,熱騰騰地送進嘴裡,暖胃又暖心。

All About My Croquette

- 🚃 東急世田谷線松陰神社前站徒步約2分鐘
- 🏠 東京都世田谷区若林4-20-9
　　4 Chome-20-9 Wakabayashi, Setagaya-ku, Tōkyō-to
- ☎ 03-6450-8022
- 🕐 11：00～20：00
- 🚫 週三
- 🌐 http://aamc.jp
- Ⓕ https://www.facebook.com/allaboutmycroquette/

店內走清新路線,牆上還掛著可愛的可樂餅圖畫。

右邊是走健康路線的甜菜奶油起司(ビーツとクリームチーズ¥260),左邊是香草蝦仁可樂餅(エビバニラ¥260)。

世田谷線宮之坂站 SG07

招財貓發源地

豪德寺

關於招財貓的發源地，有2個説法：一是位於淺草一帶的「今戶神社」，另一處則是擁有上千隻招財貓的「豪德寺」。相傳彥根藩主井伊直孝某天打獵回來，看到貓咪向他招手，於是跟著走進這間寺廟，因而躲過傾盆大雨。

豪德寺為了供奉「招福觀音」，在寺內建了一個「招貓殿」，招貓殿旁放滿信眾供奉的招福貓兒。這裡高舉右手的貓咪是公貓，象徵招財致福，而一般店家放的招財貓則是高舉左手的母貓，象徵客人絡繹不絕。此寺供奉的招財貓有8種大小，大多是來此參拜許願的人，在願望成真後為了還願而供奉的。

> **豪德寺**
> 🚃 東急世田谷線宮之坂站徒步約5分鐘
> 🏠 東京都世田谷区豪德寺2-24-7
> 　 2 Chome-24-7 Gōtokuji, Setagaya-ku, Tōkyō-to
> ☎ 03-3426-1437

🔼 唯有來到豪德寺，才能見到超萌的招福貓兒。

🔽 豪德寺內美麗的三重塔。招福殿就位在三重塔旁。

● 延伸閱讀

位於淺草一帶的「今戶神社」也有段關於招財貓的故事，相傳淺草有位老婆婆因家貧必須投靠親戚，卻在當晚夢見家中老貓對她説，若能建一尊牠的瓷像膜拜必能招福，沒想到跟著照做之後真的好運連連，於是大家爭相仿效，也讓此地成了招財貓的發源地。今戶神社是求姻緣相當出名的神社，因此供奉的大多都是成雙成對的招財貓呢！

就連繪馬也放上雙雙對對的招財貓，想求姻緣快來這裡。

> **今戶神社**
> 🚃 東武線、都營淺草線、東京Metro銀座線淺草站徒步約15分鐘　　☎ 03-3872-2703
> 🏠 東京都台東区今戶1-5-22　　　　　　　　　　　　　　　　　🕐 9：00～17：00
> 　 1 Chome-5-22 Imado, Taitō-ku, Tōkyō-to

江之電601號

　　停放在宮之坂站旁的江之電601號，本來
作為世田谷線前身、也就是玉電的電車，後來
讓渡給江之電，經過多年的歲月，退役後衣錦
還鄉回到這裡，保存在宮之坂區民會館前並開
放參觀。

🔼 一出站口即可看到退役後的江之電601號就放在區民會館
前。

🔽 內部經過翻修整理，熱愛攝影的人一定要來這裡留念。

打卡
熱點

> **江之電601號**
>
> 🚇 東急世田谷線宮之坂站直達
>
> 📍 東京都世田谷区宮坂1-24
> 　 1 Chome-24 Miyasaka, Setagaya-ku, Tōkyō-to

章魚坊（たこ坊）

　　在宮之坂站下車後，前往世田谷八幡宮的
路上，有間章魚燒店靜靜地座落在轉角，老闆
是京都人，與世田谷本店的老闆是高中同學。
標榜「京風章魚燒」的原因，是因為使用了鰹
魚與昆布高湯，目前一共推出8種口味。

🔼 離宮之坂站走路只要1分鐘，旁邊是世田谷八幡宮。

🔽 放滿大量青蔥的章魚燒（ネギたこ6個¥600；8個¥700），
中和了美奶滋的甜味，吃起來超清爽。

> **章魚坊**
>
> 🚇 東急世田谷線宮之坂站徒步約1分鐘
>
> 📍 東京都世田谷区宮坂1-25-3
> 　 1 Chome-25-3 Miyasaka, Setagaya-ku, Tōkyō-to
>
> ☎ 03-3420-3933
>
> 🕐 11：00～23：00
>
> 📅 週四

7

一日行程自由選

229

MAHORO堂蒼月（まほろ堂蒼月）

　　從宮之坂站，沿著世田谷八幡宮的圍牆向上走，就會看到這間位在鐵道旁的日式傳統點心專賣店。光看門面可能看不出裡面賣的是什麼，但只要一入店，就會看到琳瑯滿目的日式點心，每個都很精緻又美味喔！店內並提供內用咖啡等冰熱飲及簡易座位區。吃著甜點、喝著咖啡，望著窗外來來回回的路面電車，真是一大享受。

MAHORO堂蒼月

🚇 東急世田谷線宮之坂站徒步約3分鐘

🏠 東京都世田谷区宮坂1-38-19
　 1 Chome-38-19 Miyasaka,
　 Setagaya-ku, Tōkyō-to

☎ 03-6320-4898

🕐 9：00～19：00

休 週一

🌐 http://www.mahorodou-
　 sougetsu.com

右 一定要嚐嚐配合時節推出的日式點心（¥300），口感非常細膩。

左 因為豪德寺就在附近，因此當然也有映景的招財貓銅鑼燒（まねきねこどら¥190）囉！

左上 此店的甜點會依季節而變，就連門口的花也會依季節更換呢！

左下 簡約的店內空間，備有內用區，櫃枱放著各式甜點。

右 坐在店內還能望見世田谷線上來來往往的路面電車。

世田谷線山下站 `SG08`

IRON COFFEE

世田谷線的山下站，因臨近小田急線的豪德寺站，因此相較於沿線其他站的悠閒步調，這一帶洋溢著截然不同的熱鬧氛圍。來到這裡，千萬別錯過這間以和服店改造而成的咖啡店，店面雖然狹小，但深受當地居民喜愛。

> **IRON COFFEE**
>
> 🚇 東急世田谷線山下站4號出口徒步約3分鐘／小田急線豪德寺站徒步約3分鐘
>
> 📍 東京都世田谷区豪德寺1-18-9
>   1 Chome-18-9 Gōtokuji, Setagaya-ku, Tōkyō-to
>
> 🕐 （平日）8：30～20：30
>   （週六、週日、日本國定假日）9：00～20：00
>
> 🚫 週三
>
> 🌐 http://iron-coffee.com

🔼 外觀如其名，打造成酷酷的鋼鐵風。

🔽 咖啡的價格在¥500上下。店內雖然沒有座位，但有放置咖啡的台面可以站著喝唷！

FIKAFABRIKEN

以拿著行李箱的小女孩為ＬＯＧＯ的「FIKAFABRIKEN」，是一間以販賣瑞典點心為主的北歐點心專賣店，一週只開4天，店名在瑞典文中是「午茶工場」之意。此店的甜點種類不但豐富，也有內用區喔！

> **FIKAFABRIKEN**
>
> 🚇 東急世田谷線山下站4號出口徒步約2分鐘／小田急線豪德寺站徒步約3分鐘
>
> 📍 東京都世田谷区豪德寺1-18-9
>   1 Chome-18-9 Gōtokuji, Setagaya-ku, Tōkyō-to
>
> 🕐 （週四～週日）12：00～19：00
>
> 🚫 不定期公休
>
> 🌐 https://fikafabriken.jp

🔼 「FIKAFABRIKEN」的入口，請認明拿著行李的小女孩LOGO。

🔽 在各種蛋糕與餅乾中，以瑞典甜點為主打。肉桂捲與磅蛋糕是此店的人氣商品。

05
一網打盡晴空塔

東京晴空塔

只有一天的空閒時間，搞不清楚有如蜘蛛網般的交通路線，也不想要花時間搭車東奔西跑，但卻想要一次滿足各種欲望與願望?! 這……有可能嗎？快讓「東京晴空塔」幫大家實現一網打盡的願望吧！

取代東京鐵塔，作為數位無線電視訊號發射站的「東京晴空塔」，於2012年5月完工開幕，但千萬別以為它不過就是個塔而已，沒什麼好玩，這裡可是有**水族館、有星象儀、有購物商城，並匯集了日本代表性的主題餐廳**，所以超適合懶人與欲望多多的人。

東京晴空塔

🚃 東京Metro半藏門線押上站直達／東武晴空塔線（東武伊勢崎線）東京晴空塔站直達

📍 東京都墨田区押上1-1-2
1 Chome-1-2 Oshiage, Sumida-ku, Tōkyō-to

☎ 0570-55-0634

🕐 （東京晴空塔）8：00～22：00
（東京晴空街道）10：00～21：00
（6F、7F、31F餐廳樓層為11：00～23：00）

📅 （東京晴空塔）全年無休
（東京晴空街道）不定期公休

🌐 （東京晴空塔）
http://www.tokyo-skytree.jp/cn_t/
（東京晴空街道）
http://www.tokyo-solamachi.jp/chinese_t/

「東京晴空塔」的燈光基本上為藍色或紫色，遇到特別點燈之日，則可欣賞難得一見的圖像景色。

東京晴空塔可愛的吉祥物，由左至右分別是鬥牛犬爺爺SUKOBURUBURU、來自外太空的小女孩SORAKARA-CHAN、小忍者TEPPENPEN。

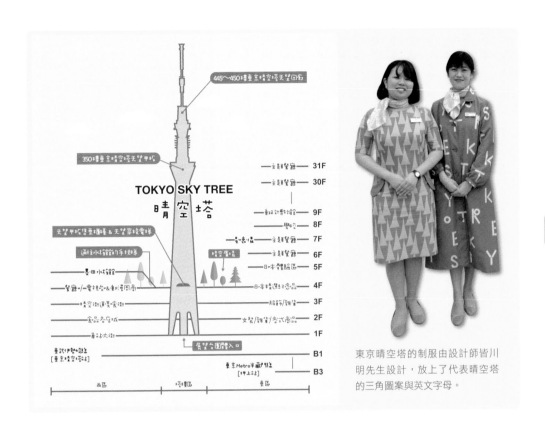

東京晴空塔的制服由設計師皆川明先生設計，放上了代表晴空塔的三角圖案與英文字母。

　　喜歡欣賞風景的人，登上東京晴空塔350樓的「天望甲板」與450樓的「天望回廊」，東京美景就能盡收眼底。喜歡購物的人請備好大把鈔票直奔與晴空塔相連的複合式商場「東京晴空街道」（Tokyo Solamachi），BEAMS、earth music & ecology、LOWRYS FARM、coen、JEANASIS⋯⋯等日本代表性的服飾品牌，以及Tabio、ABC-MART等鞋襪品牌，可在2F與3F找到。喜歡逛雜貨、美妝的話，這裡也有PLAZA、LoFt、私之部屋、松本清。若想大啖美食，主題餐廳區與美食街備有利久牛舌、蟻月博多內臟鍋、以水果塔出名的Qu'il fait bon⋯⋯等多樣化的選擇。離開前還想買齊伴手禮？沒問題！沒問題！從餅乾、糖果、茶葉、鹽巴到和風雜貨，你想要的，東京晴空塔通通都幫你備齊囉！

晴空塔限定景點

東區7樓／KONICA MINOLTA星象儀「天空」

　　喜歡觀星的朋友，快前往位於7樓的星象儀來一趟結合星空、影像與音樂的星空之旅。除利用3D音響系統如實呈現各種聲音之外，也搭配高彩度影像，以投影出更精彩的畫面，並設有只有3席的特製弦月雙人造形椅，非常適合情侶。

KONICA MINOLTA

☎ 03-5610-3043

🕐 10：00～21：00

🎫 （一般席）中學以上的大人¥1700／4歲以上的兒童¥900
　　（弦月席）一律¥4400（最多可坐2人）

休 不定期公休

🌐 https://planetarium.konicaminolta.jp/tenku/information/

圓頂大銀幕讓人彷彿置身於星空之下。

西區5樓、6樓／墨田水族館

　　可近距離與企鵝、海狗接觸的「墨田水族館」，設有重現小笠原海洋世界的大水槽，並是**日本國內最大規模的室內開放水池型水槽**，不但是親子活動的好去處，也有許多情侶喜歡來此約會。

🔼 如欲前往水族館，可搭乘電梯直達入口，或從4樓搭乘相片中的手扶梯前往入口。

🔽 整個水族館並不大，但可透過開放水池型水槽近距離觀賞企鵝。

墨田水族館

☎ 03-5619-1821

🕐 9：00～21：00

🎫 成人¥2050／高中生¥1500／中小學生¥1000／
　　3歲以上之兒童¥600

休 全年無休（遇檢修日則臨時休館）

🌐 http://www.sumida-aquarium.com/cn_han/

塔樓區4樓（入口）／
天望甲板、天望回廊

　　想將東京美景盡收眼底，東京晴空塔的天望甲板與天望回廊絕對是第一選擇，尤其是傍晚時分夕陽西下之際，橘紅色的天空下華燈初上，難得一見的美景實在令人感動，而且還能一次欣賞到東京白天與黑夜2種不同的美。在高塔上觀景，彷彿就像在空中漫步一般。此外，膽子大的人也可到透明地板試試自己的膽量唷！

天望甲板、天望回廊

🕗 8：00～22：00（最後入場時間21：00）

🈚 全年無休

🎫 ＜當日票＞
（350樓天望甲板）
18歲以上¥2060／12～17歲¥1540／6～11歲¥930／4～5歲¥620（身心障礙者出示證明得以半價）
（450樓天望回廊）
18歲以上¥1030／12～17歲¥820／6～11歲¥510／4～5歲¥310（身心障礙者出示證明得以半價）
※於東京晴空塔4樓入口北側大廳購買。
※450樓展望回廊票券可在350樓購買。

＜快速入場券＞
（350樓天望甲板）
12歲以上¥3000／4～11歲¥1500
（350樓＋450樓組合票）
12歲以上¥4000／4～11歲¥2000
※僅適用於出示護照或其他身分證件的國際旅客。
（現居日本的外商人士或陪同國際旅客的日籍訪客也適用）
※於東京晴空塔4樓入口西側大廳購票。

🌐 http://www.tokyo-skytree.jp/cn_t/

燈光亮起的東京鐵塔在黑夜中顯得格外耀眼。

天氣晴朗時可明顯望見遠方的富士山美景。

請鎖定傍晚時間

請鎖定夕陽西下的時段，這麼一來就能一次盡享白晝與黑夜之美。

晴空塔特色店家

全區1樓、2樓／購買伴手禮

　　1樓東區的「晴空街道商店街」、西區的「車站大街」與2樓塔樓區等處，都設有包含食品、雜貨在內的各式伴手禮精選商店。若要購買東京晴空塔相關紀念品，除了1樓的店舖之外，5樓與345樓也設有紀念品店唷！

充滿魅力的SORAKARA-CHAN
周邊商品當然一定要買啊！

🔼 位於「晴空街道商店街」的LUPICIA除了販售各式包裝精美的好茶外，還推出晴空塔限定的「傑克與魔豆」（ジャックと豆の木；50g罐裝¥920）茶葉。

🔘 吃過都說讚的「Sugar Butter Tree」可以在2樓塔樓區或是1樓的1st Tree找到，而且這裡也買得到熊貓版唷！

🔽 超人氣地瓜甜品專賣店「LAPOPPO FARM」（らぽっぽファーム）的櫃位也在2樓塔樓區，No. 1人氣商品窯烤地瓜蘋果派現在也推出了一人獨享的迷你版（窯出しポテトアップルパイ～premium mini～1個¥378）。

東區2樓／三省堂

　　來到東京，書店也是必逛的一站，只因日本書店實在太好逛啦！連鎖書店三省堂在東京晴空塔開設的分店，不但同樣備有豐富的書籍、附贈精美贈品的日系雜誌，也設有精品、雜貨專區。

🔼 除了販賣書籍與各式精品外，書店也經常舉辦限定活動。

🔽 風格獨特的相撲選手系列，商品種類相當多元，可愛又逗趣。

東區2樓／212 KITCHEN STORE

廚房雜貨專賣店「212 KITCHEN STORE」備有豐富又實用的廚房道具，在日本逛廚房用品是一種幸福，若要找尋傳統日式刨冰機的復刻版，或是流水麵線的機器，來這裡準沒錯。

小小的店裡擺滿了各種實用的廚房用品，並會配合季節推出主題商品。

東區2樓／橡子共和國

「橡子共和國」在東京晴空塔的分店未與其他店舖相鄰，而是位於露天手扶梯旁的獨立空間。除了固定推出的商品外，特別要關注的當然就是隨節日推出的限定商品啦！吉卜力迷必逛。

吉卜力歷年來推出的作品整齊地排放在架上，吉卜力迷們非收藏不可。

日本明星都說讚

東區2樓／Qu'il fait bon

此店講究的水果塔是日本必吃的甜點之一，沒想到來晴空塔也能吃到，實在是太美好了。店內備有簡單的內用區，也會配合季節推出限定口味，而且只有東京晴空塔分店才會插上晴空塔造型籤唷！

🔼 此店固定推出的綜合水果塔（季節のフルーツタルト；1塊¥718）會依季節放上時令水果。
🔽 對於食材非常講究的水果塔，口味相當豐富，許多日本藝人都愛吃這家。

3樓全區

　　逛完2樓東區的BEAMS、JEANASIS、MURUA等服飾品牌若還嫌不夠，那麼請到3樓繼續採購吧！3樓東區與塔樓區有LOWRYS FARM、earth music & ecology、coen、MAJESTIC LEGON等大家喜愛的服飾品牌，而文具雜貨控最愛的LoFt也在這層，除此之外喜愛迪士尼或懶懶熊的朋友，也可以在東京晴空塔分店買到限定商品。西區還設有美食街唷！

🔼 迪士尼迷們來日本必逛的迪士尼專賣店也出現在東京晴空塔3樓。

🔵 懶懶熊專賣店推出諸多晴空塔限定商品。

🔽 遇到6月底7月初的夏季折扣季或1月初的冬季折扣季就能撿到便宜。earth music & ecology推出的浴衣，優惠期間不到5千日圓就能買到。

4樓東區／一心堂

　　以臉譜面膜出名的「一心堂本舖」還有一項人氣商品，那就是「福福護唇膏」（福福リップ；1組¥1080），內含明日葉精華、山茶花精華等12種植物成分的精油護唇膏放在御守造型的手工外袋裡，能為人帶來滋潤與福氣。

超熱賣的「福福護唇膏」，光是手工外袋就有這麼多款式，超適合當作伴手禮。

4樓東區／日本市

　　匯集日本各地精品的「日本市」由老店中川政七商店開設。在這間店裡，除了可以找到中川政七的人氣布類商品外，也可買到東京晴空塔限定商品，像是將晴空塔結合東京鐵塔或小鹿圖案的系列設計，都是店內的熱門商品。

⬆ 想要找尋和風精品類的伴手禮，日本市絕對是最佳選擇。

⬇ 不倒翁、富士山、小鹿等可愛的擺飾裡放了占卜詩籤，快來試試手氣吧！天空藍不倒翁是東京晴空塔與羽田機場的限定商品。

4樓東區／MAMEGUI（まめぐい）

　　手帕專賣店「MAMEGUI」（まめぐい）不但推出各種圖案的精美手帕，還結合各種餅乾糖果，推出自選組合。好吃的零嘴用手帕包裝後，成了可愛的小包袱，零嘴吃完後手帕還能繼續使用，一舉兩得。

各式各樣別緻的圖紋手帕中，也包含了東京晴空塔限定圖案。

4樓東區／塩屋

　　連鹽都有專賣店，實在是太厲害了。這間專賣店不僅有柚子鹽、紫蘇鹽、芥末鹽等調味鹽，還推出牛排專用鹽、沙拉專用鹽、湯品專用鹽等各種用途的鹽，連飯糰都有專用鹽呢！

鹽的種類不但豐富，並採用小包裝與夾鏈袋設計，可以多買幾種試用看看。

6樓／祇園辻利

　　來東京晴空塔就是要找限定商品，就連來到「祇園辻利」也是一樣。霜淇淋一共有抹茶、烘培茶、玄米茶與綜合這4種選擇，並附上東京晴空塔限定的造型湯匙，這湯匙還可以單買呢！

超好吃的霜淇淋還附上湯圓等配料。除了固定菜單外，也會隨季節推出刨冰等季節性商品。

7樓／世界啤酒博物館

　　擁有啤酒種類超過150種的「世界啤酒博物館」，在店內設置了5種不同風格的啤酒吧台，並備有可眺望東京晴空塔的露天座位，酒單中還出現台啤呢！逛街逛累了，何不來啤酒博物館吹吹風，喝一杯冰涼涼的世界啤酒呢？

🔼 不愧是啤酒博物館，光是啤酒的種類就超過150種。
🔽 店內設有5個不同主題的吧台區，並備有不含酒精的飲料與餐點。

快與親朋好友一人點一杯清涼的啤酒，望著晴空塔一起乾杯吧！

06
台場海濱逍遙遊

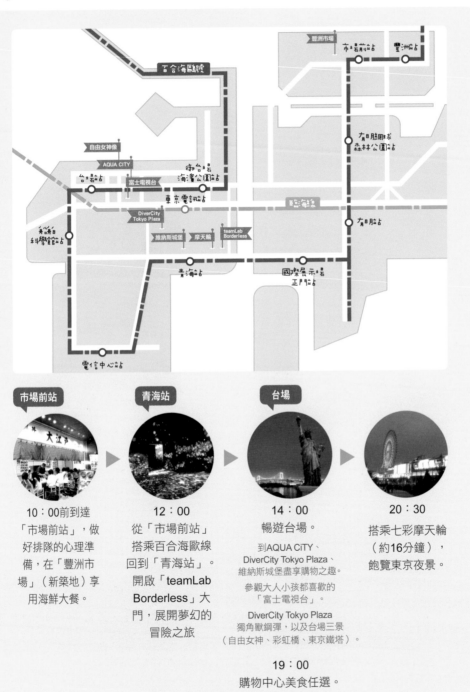

市場前站

10：00前到達
「市場前站」，做
好排隊的心理準
備，在「豐洲市
場」（新築地）享
用海鮮大餐。

青海站

12：00
從「市場前站」
搭乘百合海歐線
回到「青海站」。
開啟「teamLab
Borderless」大
門，展開夢幻的
冒險之旅

台場

14：00
暢遊台場。

到AQUA CiTY、
DiverCity Tokyo Plaza、
維納斯城堡盡享購物之趣。

參觀大人小孩都喜歡的
「富士電視台」。

DiverCity Tokyo Plaza
獨角獸鋼彈，以及台場三景
（自由女神、彩虹橋、東京鐵塔）。

19：00
購物中心美食任選。

20：30
搭乘七彩摩天輪
（約16分鐘），
飽覽東京夜景。

市場前站

豐洲市場

築地市場搬家後，東京人的新廚房「豐洲市場」終於在2018年10月正式開幕啦！正好適合排進台場一日遊的行程裡，而且大家喜愛的築地場內（築地漁市的批發區）名店「壽司大」、「大和壽司」、「大江戶」……等店，在豐洲市場裡一家都沒少，一共有33家餐廳任君選擇。豐洲市場的營業時間基本上是早上5點到下午5點，不過若想享用豪華海鮮大餐（當然也有非生食類的餐廳與餐點），最好早點來排隊，一般而言，「壽司大」大約在下午1點左右就沒得吃了，為了這美食，饕客們可都願意起個大早來排隊呢！太晚來就只能撲空囉！此外，除了必吃的生魚片外，紅燒金目鯛也是錯過一定會後悔的必吃項目之一，大家快來嚐看看哦！

豐洲市場

- 🚃 百合海鷗號市場前站下車，徒步約2分鐘
- 🏠 東京都江東区豐洲6-5-1
  6 Chome-5-1 Toyosu Kōtō-ku, Tōkyō-to
- ☎ 03-3520-8205
- ⏰ 5：00～17：00
- 🚫 週日、日本國定假日、休市日
- 📅 休市日請見http://www.shijou.metro.
  tokyo.jp/calendar/2019/
- 🌐 http://toyosumarketevent.jp

「壽司大」的握壽司實在是太好吃了，難怪這麼多人甘願排隊也要吃。

🔼 「大江戶」等33間築地場內名店，全都搬到豐洲市場來了。

🔽 時間是下午1點，名店「壽司大」不是沒客人，而是接完最後一批客人就不再接了。

🔼 「豐洲市場」成為東京人的新廚房，現在的市場比以前築地市場更寬敞、更乾淨明亮。

🔼 屋頂綠化廣場非常寬廣，天氣好的話還可以清楚眺望台場美景與東京鐵塔呢！

青海站

teamLab Borderless 數位藝術美術館

　　teamLab首間常設美術館於台場隆重開幕，這場結合燈光、藝術、音樂與特效的投影展，設定了各種不同的主題，每個展間都能為人帶來不同的驚喜，就好像闖入一座又一座未知的夢幻森林一樣。欣賞、拍照之餘，還能與藝術互動，並設有兒童專區。來到這裡你會發現，原來藝術並不是只能純欣賞，還可以走入藝術、擁抱藝術，和藝術一起瘋、一起玩，一起刻畫美好的回憶。

teamLab Borderless

🚉 臨海線東京電訊站A口徒步約5分鐘／百合海鷗號青海站北口徒步約5分鐘

🏠 東京都江東區青海1-3-8
1 Chome-3-8 Aomi, Kōtō-ku, Tōkyō-to

📞 03-6406-3949

🕐 因季節而異（請參考官網）

📅 每月第2週與第4週的週二

🎫 15歲以上¥3200／4～14歲¥1000

⚠ 勿穿高跟鞋、涼鞋或裙子入場。館內禁示攜帶自拍棒與腳架。

🌐 https://borderless.teamlab.art/tw/

右上 利用燈光的投影技術與鏡子創造出不可思議的夢幻空間。
左下 如同瀑布般的主舞台，是最多人駐足的地方，簡直就像人間仙境。
右下 隨著燈光的變化，呈現出各種美麗的漸層，讓人分不清楚究竟置身於夢境還是現實。

7

一日行程自由選

台場

AQUA CiTY

　　緊臨東京灣的「AQUA CiTY」是來台場必逛的購物中心之一，裡面除了有豐富的精品店、迪士尼免稅店，還有臨海地區最大的美食區，而購物中心的正後方就是「富士電視台」。除了能欣賞到台場著名的美麗夜景外，7樓樓頂還有東京十大小神社之一「AQUA CiTY台場神社」，據說能實現7個願望唷！快去許願。

AQUA CiTY

🚉 百合海鷗號台場站北口徒步約1分鐘／臨海線東京電訊站B出口徒步約6分鐘

🏠 東京都港区台場1-7-1
　　1 Chome-7-1 Daiba Minato-ku, Tōkyō-to

☎ 03-3599-4700

🕐 11：00～21：00
　　（餐廳～23：00／美食區～21：00）

🌐 https://www.aquacity.jp

大型購物中心「AQUA CiTY」內有精品商店、美食餐廳，其中還包括迪士尼免稅店呢！

DiverCity Tokyo Plaza 獨角獸鋼彈

　　超好逛的「DiverCity Tokyo Plaza」，是男生、女生、大人、小孩人人都愛的購物天堂。此外，**這座購物中心的大門前，有座約20公尺高的實物大小獨角獸鋼彈立像**，不只是男生，任誰看了都會為之瘋狂，而且這座立像每到一定時間，還有變身表演呢！如果來到台場，一定要把握這個能360度環視酷炫鋼彈的難得機會！

DiverCity Tokyo Plaza

🚉 臨海線東京電訊站B出口徒步約3分鐘／百合海鷗號台場站南口徒步約5分鐘

🏠 東京都江東区青海1-1-10
　　1 Chome-1-10 Aomi, Kōtō-ku, Tōkyō-to

☎ 03-6380-7800

🕐 10：00～21：00（美食區～22：00／餐廳～23：00）

🈺 年度公休日（請參考官網）

🌐 https://mitsui-shopping-park.com/divercity-tokyo/

「DiverCIty Tokyo Plaza」前震撼人心的1：1實物大小獨角獸鋼彈立像，一定要親自去看看。

維納斯城堡（ヴィーナスフォート）

以內部的歐式古典建築最為人所知的「維納斯城堡」（ヴィーナスフォート），內有約170間的商店與餐廳，在2～3樓重現歐洲古老街景，不但採用挑高設計，還設置了「噴泉廣場」、「真理之口」等景點，彩繪成天空圖案的天花板也會隨著時間由藍轉暗，每小時重複循環。從維納斯城堡延伸出去，有個超大型的摩天輪，天氣好的話，還可以透過摩天輪看到東京鐵塔與晴空塔唷！

維納斯城堡

- 🚊 臨海線東京電訊站A口徒步約3分鐘／百合海鷗號青海站北口徒步約2分鐘
- 🏠 東京都江東區青海1-3-15
  1 Chome-3-15 Aomi Kōtō-ku, Tōkyō-to
- ☎ 03-3599-0700
- 🕐 11：00～21：00（餐廳～23：00）
  （摩天輪10：00～22：00）
- 🎫 摩天輪：大人¥1000／4～11歲的孩童¥500
  （3歲以下免費）
- 🌐 https://www.venusfort.co.jp

富士電視台

以球形瞭望台為最大特色的「富士電視台」，歷年來推出無數的經典作品，而參觀電視台也成了來台場必排的行程之一。尤其每到暑假，富士電視台都會利用電視台周圍的廣場舉辦大型慶典，設置各種與電視台綜藝節目或戲劇相關的遊樂設施與蓋章活動，每年都吸引成千上萬的遊客一同瘋狂一夏。

富士電視台

- 🚊 百合海鷗號台場站北口徒步約3分鐘／臨海線東京電訊站B出口徒步約5分鐘
- 🏠 東京都港區台場2-4-8
  2 Chome-4-8 Daiba Minato-ku, Tōkyō-to
- ☎ 0180-993-188
- 🕐 10：00～18：00
- 🈺 球形瞭望台週一公休
- 🎫 球形瞭望台：大人¥550／國中、小學生¥300
- 🌐 https://www.fujitv.com/zh-TW/visit_fujitv/

「維納斯城堡」除了販售各式精品，3樓還有暢貨中心，快去撿便宜吧！

富士電視台的球形瞭望台成為台場的地標之一。

自由女神

為了「日本法國年」的紀念活動，法國巴黎的自由女神像曾於1998年運到台場海濱公園約1年的時間，現在位於台場的自由女神像，則是以該神像作為模型的複製品。**自由女神像**的後方，可望見知名的**彩虹大橋**與象徵東京的**東京鐵塔**，以上合稱「**台場三景**」，不只白天美麗，入夜後更是夢幻，此地區也因此成為夜景迷與情侶們的聖地，來台場非去不可。

自由女神
🚃 百合海鷗號御台場海濱公園站或台場站北口徒步約3分鐘／臨海線東京電訊站B出口徒步約7分鐘
🏠 東京都港区台場1-4-1 1 Chome-4-1 Daiba, Minato-ku, Tōkyō-to
🌐 http://www.tptc.co.jp/chm/c_park/01_02

🔼 又稱台場女神的「自由女神像」，座落於台場海濱公園。

🔽 自由女神像、彩虹大橋、東京鐵塔號稱「台場三景」，來台場一定要拍的啊！缺一不可。

8

血拼王國買透透

　　吃飽喝足、玩也玩夠了，最後就只剩買買買、刷刷刷啦！文具、雜貨、美妝、伴手禮……，什麼必買？什麼必帶？預先掌握購物情報，到了東京才能買得更得心應手。在此也為大家精選出東京的超人氣伴手禮喔！

過年時期推出的KitKat郵局
限定生肖巧克力，還附小紅
包袋喔！（¥140）Ⓐ

郵局限定推出的紅色阿
愣，眼睛還會發光呢！
（¥1800）Ⓐ

圖案豐富的迷你
便箋，附在伴手
禮上更添情意。
（¥380）
Ⓐ Ⓑ Ⓒ

找尋相伴一年的
重要行事曆、記
事本，來日本就
對了。Ⓑ Ⓒ

可一張張撕下的Hello Kitty
便箋貼紙，可愛又便利。
（¥580）Ⓑ

愛躲在角落的
SMISKI是不可
思議的夜光妖
精，不知道會抽
到哪一隻，不禁
讓人充滿期待。
（¥550）Ⓑ Ⓒ

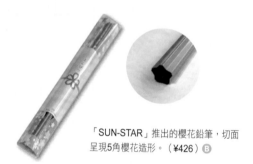

「SUN-STAR」推出的櫻花鉛筆，切面
呈現5角櫻花造形。（¥426）Ⓑ

Ⓐ 日本郵局
找尋東京都內的郵局請上：https://map.japanpost.jp/p/search/

Ⓑ LoFt（澀谷店）
🚃 JR各線澀谷站八公口徒步約5分鐘／東京Metro銀座線、副都心線、半藏門線、東急田園都市線澀谷站3號出口徒步約3分鐘
🏠 東京都渋谷区宇田川21-1 21-1 Udagawachō, Shibuya-ku, Tōkyō-to 📞 03-6416-1877 🕙 10：20～20：40 ❤ 全年無休
🚩 池袋、銀座、二子玉川、上野、新宿等地皆有分店 🌐 http://www.loft.co.jp

Ⓒ 東急手創館（池袋店）
🚃 JR各線東口徒步約8分鐘／東京Metro東池袋站2號出口徒步約5分鐘 🏠 東京都豊島区東池袋1-28-10 1 Chome-28-10
Higashiikebukuro, Toshima-ku, Tōkyō-to 📞 03-3980-6111 🕙 10：00～21：00 ❤ 不定期公休 🚩 新宿、澀谷、東京站、銀
座等地都有分店 🌐 https://www.tokyu-hands.co.jp/ch2/

刷牙兼美容！

「Create」推出的美容牙刷，刷頭上附帶1顆大大的按摩球，每天刷牙順便美容，就能預防法令紋唷！（¥400＋税）C

中川政七商店的蚊帳擦拭布，吸水性強、款式豐富，除了當作擦拭器皿或台面的抹布，也很適合當作擦手巾。（¥432）J

野田琺瑯富有質感又講究的壺，可直接置於瓦斯爐或電磁爐上加熱（¥5000＋税）。K

媽咪們最愛的
蘑菇系列

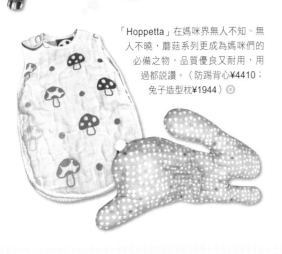

「Hoppetta」在媽咪界無人不知、無人不曉，蘑菇系列更成為媽咪們的必備之物，品質優良又耐用，用過都說讚。（防踢背心¥4410；兔子造型枕¥1944）G

男生女生都愛的
清新肥皂香

堅持使用天然原料的「shiro」，是彩妝迷必買的品牌之一。而喜歡肥皂香香水的人，千萬別錯過此品牌推出的這款名為「savon」的香水，那清新的肥皂香，用了絕對會愛不釋手（¥3800＋税）T

D 新宿NEWoMan（2樓站內商店）**早上八點開**
交 JR各線新宿站直達 址 東京都新宿区新宿4-1-6 4 Chome-1-6 Shinjuku, Shinjuku-ku, Tōkyō-to ☎ 03-3352-1120 營 （平日）8：00～22：00（週六、週日、日本國定假日）8：00～21：30 休 全年無休 網 如欲購買伴手禮，必須入站 ● https://www.newoman.jp/zh-tw/

E 大丸百貨（東京店1樓）
交 JR東京站八重洲北口檢票口附近 址 東京都千代田区丸の内1-9-1 1 Chome-9-1 Marunouchi, Chiyoda-ku, Tōkyō-to ☎ 03-3212-8011 營 （平日）10：00～21：00（週六、週日、日本國定假日）10：00～20：00 休 元旦 網 https://www.daimaru.co.jp.t.md.hp.transer.com/tokyo/index.html

F AINZ TULPE（東京站店）
交 東京站一番街1樓（八重洲北口檢票口出來左轉） 址 東京都千代田区丸の内1-9-1 1 Chome-9-1 Marunouchi, Chiyoda-ku, Tōkyō-to ☎ 03-3212-5280 營 （平日）7：00～22：00（週六、週日、日本國定假日）9：00～22：00 休 全年無休 網 新宿東口、自由之丘、原宿、池袋西武百貨也有分店 ● https://ainz-tulpe.jp/shop/shop.html?id=31

8
血拼王國買透透

雜貨控
小心失心瘋！

喜歡逛雜貨的朋友，千萬別錯過「Bleu Bleuet」，衣服、手帕、收納袋、包包……，各式各樣的日系雜貨應有盡有。🄗

可愛的保冷袋上，帶有日本代表性圖案的刺繡。（¥300＋稅）🄘

超實用的分層式洗衣袋，材料較厚，一次可洗3種衣物。（¥300＋稅）🄘

連衣物壓縮袋都添上了時尚的圖案，並備有各種尺寸。（¥300＋稅）🄘

東京站限定的Hello Kitty站長吊飾，帽子上還放上了蘋果圖案呢！（¥1300＋稅）🄠

史努比迷們當然不能錯過東京站限定的站長玩偶啦！（¥2400＋稅）🄠

學校小熊推出的東京站限定站長玩偶則繫上了帥氣的領帶。（¥2500）🄠

🄖 松本清
（部分分店為24小時營業）找尋東京都內的松本清請上：http://www.matsukiyo.co.jp.t.yy.hp.transer.com/map

🄗 Marche de Bleuet plus（池袋SUNSHINE CITY alpa店）
🚆 JR各線東口徒步約8分鐘／東京Metro東池袋站2號出口徒步約5分鐘 🏠 東京都豐島区東池袋1-28-10 1 Chome-28-10 Higashiikebukuro, Toshima-ku, Tōkyō-to ☎ 03-3985-6006 🕙 10：00～20：00 🚫 不定期公休 🏢 澀谷Mark City、自由之丘、上野、新宿、吉祥寺等地皆有分店 🌐 http://bleubleuet.co.jp

🄘 3COINS（LUMINE EST新宿店）
🚆 JR各線新宿站中央東口或東口檢票口徒步1分鐘 🏠 東京都新宿区新宿3-38-1 LUMINE EST 3F 3F, 3 Chome-38-1 Shinjuku, Shinjuku-ku, Tōkyō-to ☎ 03-5363-0312 🕙 （平日）11：00～22：00（週六、週日、日本國定假日）10：30～21：30 🏢 池袋SUNSHINE CITY、二子玉川RISE、吉祥寺等地皆有分店 🌐 http://www.3coins.jp

全身都可以用的蒸氣保濕霜，放在新宿限定的招財貓罐裡。（¥1620）**D** KOKO LUMINE STORE

日本明星超愛用的有機品牌「the product」所推出的髮蠟，100%使用天然植物製成，不只能用在頭髮上，還可以滋潤肌膚、嘴唇，並帶有淡淡柑橘香。（¥1980＋稅）**F G**

美妝迷的最愛！

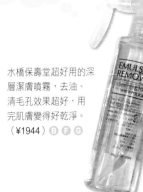

水橋保壽堂超好用的深層潔膚噴霧，去油、清毛孔效果超好，用完肌膚變得好乾淨。（¥1944）**B F G**

咖啡控必訪

「ettusais」超好用的BB霜，不但能達到一定的修飾效果，又不至於過厚。雖然在台灣也能買到，但在日本購買會便宜許多唷！（¥1800＋稅）**F**

國民茶泡飯必備良伴

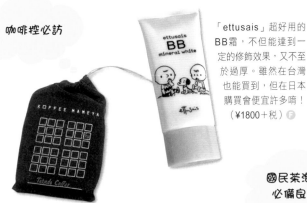

「KOFFEE MAMEYA」販售從各地精選而來的咖啡豆，只要向專業的咖啡師傳達個人喜好，咖啡師就會為你精選出符合個人喜好的咖啡豆，此店絕對是咖啡控的必訪之地。（咖啡豆150g約¥2000上下；現沖咖啡1杯約¥500上下）**S**

只要在飯上撒上日本「永谷園茶泡飯」香鬆，接著再倒入熱水，無須泡茶也能立即享用美味的茶泡飯唷！這可是日本人從小吃到大的家庭必備香鬆呢！（1包約在¥178～¥200之間）／各大超市、便利商店皆有販售

J 中川政七商店（東京本店）
🚇 JR各線東京站丸之內南口徒步約1分鐘／東京Metro丸之內線東京站直達 🏠 東京都千代田区丸の内2-7-2 KITTE 4F 2 Chome-7-2 Marunouchi, Chiyoda-ku, Tōkyō-to 📞 03-3217-2010 🕐 （週一～週六）11：00～21：00（週日、日本國定假日）11：00～20：00 🚃 LUMINE新宿、東京MIDTOWN、原宿表參道皆有分店 🌐 https://www.yu-nakagawa.co.jp

K CLASKA Gallery & Shop "DO"（丸之內店）
🚇 JR各線東京站丸之內南口徒步約1分鐘／東京Metro丸之內線東京站直達 🏠 東京都千代田区丸の内2-7-2 KITTE 4F 2 Chome-7-2 Marunouchi, Chiyoda-ku, Tōkyō-to 📞 03-6256-0835 🕐 （週一～週六）11：00～21：00（週日、日本國定假日）11：00～20：00 🚃 目黑、銀座、澀谷、吉祥寺皆有分店 🌐 http://do.claska.com

L 東武百貨（池袋B1） 在西口
🚇 JR池袋站直達（靠西口）🏠 東京都豐島区西池袋1-1-25 1 Chome-1-25 Nishiikebukuro, Toshima-ku, Tōkyō-to 📞 03-3981-2211 🕐 10：00～20：00 🌐 http://www.tobu-dept.jp/ikebukuro/

8
血拼王國買透透

愛吃蝦片的朋友絕不能錯過「SAKUSAKUNIKKI」（さくさ
く日記），小包裝設計方便分送親友。（5包裝¥540；橘色
為蝦味，黃色為扇貝口味）Ⓔ Ⓘ Ⓜ

以雪茄蛋捲出名的「YOKU MOKU」所推出的東京站
限定蜂蜜餅乾，曾獲選為人氣伴手禮第1名。（6片
裝¥594）Ⓔ

把滿天星星裝進罐裡的夜空罐，小小一
盒價格並不便宜，但卻深受民眾愛戴，
不預約還買不到呢！買不到夜空罐也沒
關係，店裡的手工餅乾也很好吃唷！
（¥1500）Ⓡ

享用了知名甜品店「Qu'il fait bon」
美味的水果塔後，別忘了把雪花造型
的美味蜂蜜派也帶回家唷！（3片裝
¥594）Ⓝ

清六農場推出的水果乾不含
添加物，口感酥脆，能品
嚐到水果本身的好味道。
（¥650）Ⓓ KOKO LUMINE
STORE

Ⓜ 西武百貨（池袋店B1）　在東口

🚃 JR池袋站直達（靠東口）　🏠 東京都豐島区南池袋1-28-1 1 Chome-28-1 Minamiikebukuro, Toshima-ku, Tōkyō-to　☎
03-3981-0111　🕐 週一～週六）10：00～21：00（週日、日本國定假日）10：00～20：00　🌐 https://www.sogo-seibu.jp/
ikebukuro/

Ⓝ Qu'il fait bon（東京晴空塔店／晴空街道東區2樓）
🚃 東京Metro半藏門線押上站直達／東武晴空塔線東京晴空塔站直達　🏠 東京都墨田区押上1-1-2 1 Chome-1-2 Oshiage,
Sumida-ku, Tōkyō-to　☎ 03-5610-5061　🕐 10：00～21：00　休 （東京晴空塔）全年無休（東京晴空街道）不定期公休
🌐 http://www.quil-fait-bon.com

Ⓞ 10 Mois-FICELLE-Hoppetta
🚃 東京Metro千代田線、銀座線、半藏門線表參道站B1出口徒步約2分鐘　🏠 東京都港区南青山5-7-23 5 Chome-7-23
Minamiaoyama, Minato-ku, Tōkyō-to　☎ 03-6805-0805　🕐 11：00～20：00（週日～19：00）　🏪 西武池袋也有分店
🌐 https://www.ficelle.co.jp

超人氣東京伴手禮「sugar butter tree」備有原味、抹茶、楓糖等豐富的口味可選，外層酥酥脆脆，成為人見人愛的伴手禮。此品牌還會不定期推出限定口味。上野站與東京晴空塔可買到熊貓限定版唷！（4種口味組¥2160）Ｅ Ｍ

「西光亭」的手工核桃酥原本是該餐廳裡的一道甜點，因為太過出名而乾脆改成專賣這項商品的專賣店，並以繪本作家藤岡千紗繪製的復古外盒廣為人知。（4塊裝¥648）Ｍ

包裝時尚又美味

「Butter Butler」的甜點不只有時尚的包裝，內含楓糖的奶油費南雪更是讓人回味無窮，絕對必買！（4個裝¥864；12個裝¥2268）Ｄ

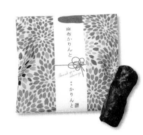

花林糖專賣店「麻布花林糖」共推出50種口味，不但有精美的包裝，價格也很實惠又美味，是送禮的好選擇。（1包¥300～¥600之間）Ｅ Ｍ

超適合送長輩！

以法蘭酥出名的「半月」，其實也有口感鬆軟、超適合贈送長輩的紅豆月亮蛋糕呢！蛋糕的底層鋪上了增添口感的砂糖，長輩一定會喜歡！（3個¥594）Ｅ Ｍ

Ｐ COREDO室町
㊤ 東京Metro半藏門線、銀座線三越前站A6出口直達／JR總武線快速新日本橋站直達 ㊀（COREDO室町2）東京都中央区室町2-3-1 2 Chome-3-1 Nihonbashimuromachi, Chūō-ku, Tōkyō-to（COREDO室町3）東京都中央区室町1-5-5 1 Chome-5-5 Nihonbashimuromachi, Chūō-ku, Tōkyō-to ☎ 03-6805-0805 ⏰ 10：00～21：00 ⊕ https://mitsui-shopping-park.com/urban/muromachi/

Ｑ 東京一番街
㊤ JR東京站八重洲北口B1 ㊀ 東京都千代田区丸の内1-9-1 1 Chome-9-1 Marunouchi, Chiyoda-ku, Tōkyō-to ☎ 03-3210-0077 ⏰ 10：00～20：00 ⊕ http://www.tokyoeki-1bangai.co.jp

Ｒ RUSURUSU（菓子工房ルスルス）
㊤ 東京Metro銀座線淺草站6號出口徒步約12分鐘／筑波快線淺草站A出口徒步約10分鐘 ㊀ 東京都台東区浅草3-31-7 3 Chome-31-7 Asakusa, Taitō-ku, Tōkyō-to ☎ 03-6240-6601 ⏰ 12：00～20：00 ⊛ 週一、週二、週三 ⊕ https://www.rusurusu.com

「芋屋金次郎」的橄欖油酥炸地瓜條是日本橋限定商品，香甜又酥脆，不含任何添加物。（1袋¥500）ⓟ COREDO室町2

國民零食

各大便利商店、超市、藥妝店都可找到的罐裝薯條「JAGARIKO」（じゃがりこ），入門版為綠色的沙拉口味。除了固定的幾款，還會推出地區限定與季節限定口味，每次去日本都忍不住尋覓這又出了什麼新口味。／各大超市、便利商店與藥妝店皆有販售

萬能高湯
茅乃舍

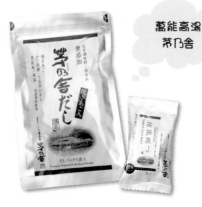

超好用的茅乃舍高湯包，是做菜的好幫手，只要有這一包，就能迅速完成各式佳餚。而加水放入電鍋裡一蒸，就能做出美味茶碗蒸的調理包也是必買的一項商品。（內含5袋的高湯包¥386；2人份的茶碗蒸調理包¥216）ⓟ COREDO室町3

當地人推薦的
隱藏版美味點心

好吃的栗子派就藏在祖師谷大藏站鹹蛋超人商店街的某間西點店裡，那酥脆的派皮，以及香甜的栗子內餡，吃過一次絕對無法忘懷。（1盒8顆¥1300；單顆¥180）ⓤ

Ⓢ KOFFEE MAMEYA
🚇 東京Metro千代田線、銀座線、半藏門線表參道站A2號出口徒步約4分鐘 🏠 東京都渋谷区神宮前4丁目15-3 4 Chome-15-3 Jingūmae, Shibuya-ku, Tōkyō-to 🕙 10：00〜18：00 🌐 http://www.koffee-mameya.com/

Ⓣ shiro
🚇 東急東橫線、大井町線自由之丘站正面口徒步約3分鐘 🏠 東京都目黒区自由が丘2-9-14アソルティ1F・B1F 2 Chome-9-14 Jiyūgaoka, Meguro-ku, Tōkyō-to ☎ 03-5701-9146 🕙 10：00〜20：00 🌐 https://shiro-shiro.jp

Ⓤ Limevert
🚇 小田急小田原線祖師谷大藏站徒步約1分鐘 🏠 東京都世田谷区祖師谷1-8-14 1 Chome-8-14 Soshigaya, Setagaya-ku, Tōkyō-to ☎ 3-3483-2621 🕙 10：00〜20：00 🈺 不定期公休 🌐 http://limevert.com

難以忘懷
的滋味

果醬女王出品，果然不是蓋的！這間由五十嵐路美小姐開設的洋菓子店，不但有果醬，還有香味超濃郁的磅蛋糕與外盒超可愛的餅乾組合唷！（cake table磅蛋糕1條¥1560＋稅；可愛小屋餅乾組¥627＋稅）

來自名古屋的「KOMEDA」（コメダ珈琲店）是旅人遊日的早餐良伴，而這放置在收銀台的紅豆小脆餅也超好吃，目前只有日本才有賣，千萬別錯過。（1包¥100）

精美手帕加上餅乾、糖果的自選超值組合，送禮自用兩相宜。包成小包袱的包裝真是可愛極了。（餅乾、糖果1包¥540；手帕¥500上下）／東京晴空塔4樓MAMEGUI（請見P239）

日本皇室
也愛吃

「GOUTER de PRINCESSE」的法國麵包小酥餅，深受日本皇室喜愛，除了原味外，還有巧克力、莓果等口味。做成小鳥造型的奶油酥餅也很受歡迎。（法國麵包小酥餅原味8袋¥626；小鳥奶油酥餅6片¥604）

紅茶專賣店「Karel Capek」的茶包上，畫著插畫家山田詩子的手繪圖案，既可愛又討喜，茶包的種類也很豐富（5包¥600＋稅）。／Karel Capek（請見P194）

8

血拼王國買透透

Ⓥ Maison Romi-unite
⊗ 東急東橫線學藝大學站西口徒步約3分鐘　⊕ 東京都目黑区鷹番3-7-17　3 Chōme-7-17 Takaban, Meguro City, Tōkyō-to
☎ 03-6666-5131　🕐 11：00～20：00　休 全年無休　🌐 https://www.romi-unie.jp

Ⓦ KOMEDA
⊗ 新宿、池袋、淺草等東京地皆有分店　🕐 7：00～23：00（部分店舖營業時間有異）　休 全年無休　🌐 http://www.komeda.
co.jp/index.php

Ⓧ GOUTER de PRINCESSE（新宿京王百貨）
⊗ 京王線、JR各線、小田急線新宿站西口直達　⊕ 東京都新宿区西新宿1-1-4　1 Chōme-1-4 Nishishinjuku, Shinjuku City,
Tōkyō-to　☎ 03-5321-8063　🕐 10：00～20：30（週日、日本國定假日～20：00）　休 依京王百貨而定　🏢 東京另有松屋銀座
本店、松坂屋上野店、小田急百貨町田店　🌐 http://www.gateaufesta-harada.com

國家圖書館出版品預行編目資料

一玩再玩！東京怎樣都好玩 / 談曉珍（米小綠）著
-- 初版 -- 臺北市：瑞蘭國際, 2019.04
272面；17×23公分 --（PLAY達人系列；14）
ISBN：978-957-8431-89-8（平裝）

1.旅遊 2.日本東京都

731.72609   108000422

PLAY達人系列 14

一玩再玩！東京怎樣都好玩

作者｜談曉珍（米小綠）‧責任編輯｜鄧元婷、王愿琦
校對｜談曉珍（米小綠）、鄧元婷、王愿琦

封面設計、內文排版｜余佳憓‧版型設計｜余佳憓、陳如琪
地圖繪製｜林士偉

董事長｜張暖彗‧社長兼總編輯｜王愿琦
編輯部
副總編輯｜葉仲芸‧副主編｜潘治婷‧文字編輯｜林珊玉、鄧元婷
特約文字編輯｜楊嘉怡‧設計部主任｜余佳憓‧美術編輯｜陳如琪
業務部
副理｜楊米琪‧組長｜林湲洵‧專員｜張毓庭

法律顧問｜海灣國際法律事務所　呂錦峯律師

出版社｜瑞蘭國際有限公司‧地址｜台北市大安區安和路一段104號7樓之1
電話｜(02)2700-4625‧傳真｜(02)2700-4622‧訂購專線｜(02)2700-4625
劃撥帳號｜19914152 瑞蘭國際有限公司
瑞蘭國際網路書城｜www.genki-japan.com.tw

總經銷｜聯合發行股份有限公司‧電話｜(02)2917-8022、2917-8042
傳真｜(02)2915-6275、2915-7212‧印刷｜科億印刷股份有限公司
出版日期｜2019年04月初版1刷‧定價｜380元‧ISBN｜978-957-8431-89-8

◎ 版權所有‧翻印必究
◎ 本書如有缺頁、破損、裝訂錯誤，請寄回本公司更換

 PRINTED WITH
 SOY INK 本書採用環保大豆油墨印製

交通手冊

掃我！
Google Maps
QR Code
全書景點帶著走！

如何從成田機場、羽田機場進東京市區？

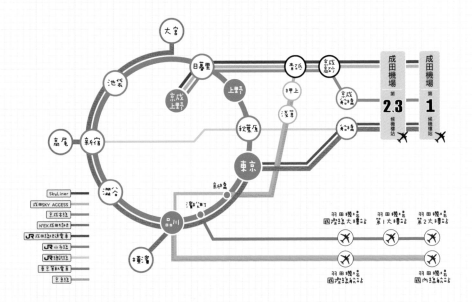

成田國際機場篇

1. 搭電車

（京成電鐵）

路線	車資	所需時間	發車頻率	備註
Skyliner	成田機場到京成上野單程¥2470	約41分鐘	約20分鐘	·線上購票單程¥2200；來回¥4300。 ·全車對號入座。 ·可搭配24、48、72小時地鐵通票。
Morning Liner	成田機場到京成上野¥1440	約70分鐘	——	·早晨時段的特急列車。 ·全車對號入座。
Evening Liner	京成上野到成田機場¥1440	約70分鐘	——	·晚間時段的特急列車。 ·全車對號入座。
成田SKY ACCESS	成田機場到京成上野單程¥1240	約66分鐘	約30分鐘	·部分列車無直達京成上野，須於青砥站換車。 ·部分列車開往淺草、羽田機場方向。
京成本線	成田機場到京成上野單程¥1030	約75分鐘	約30分鐘	·速度較慢。

（JR東日本）

路線	車資	所需時間	發車頻率	備註
N'EX 成田特快	成田機場到東京站單程¥3020	約56分鐘	約30分鐘	·外國旅客來回優惠票¥4000。 ·來回優惠票只能在成田機場的「JR東日本旅行服務中心」或「JR綠色窗口」購買。 ·單程特急券旺季加¥200、淡季減¥200。
JR成田線 快速電車	成田機場到東京站單程¥1320	約90分鐘	約20分鐘	·速度較慢。

2. 搭巴士

路線	車資	所需時間	發車頻率	備註
京成巴士	羽田機場到東京站單程¥1000	約60分鐘	約60分鐘	· 票價最便宜。 · 提前預約單程為¥900（須於搭車日2天前完成預約）。
利木津巴士	羽田機場到東京站單程¥2800	約75分鐘	約20分鐘	· 包含4張成人票的套票為¥8000。 · 站點多，各大主要車站及飯店都有設站。

3. 計程車

到東京站所需時間約2小時，車資¥20000起。（高速公路通行費、清晨或夜間加程費另計。）

羽田國際機場篇

1. 搭電車

路線	車資	所需時間	發車頻率	備註
京急線	到品川單程¥410	約11分鐘	約10分鐘	
東京單軌電車	到濱松町單程¥490	約13分鐘	約5分鐘	

2. 搭巴士

路線	車資	所需時間	發車頻率	備註
京濱急行巴士	到東京站單程¥930	約50分鐘	約30分鐘	
利木津巴士	到東京站單程¥930	約30分鐘	約60分鐘	· 站點多，各大主要車站及飯店都有設站。

3. 計程車

到東京站所需時間約50分鐘，車資¥5900起。（高速公路通行費、清晨或夜間加程費另計。）

JR來回優惠票或JR周遊券等票券，需到機場的「JR EAST Travel Service Center」（JR東日本旅行服務中心）購票。

在「JR綠色窗口」（みどりの窗口）可購買JR各級車票、劃位。若想辦理交通卡退卡手續，也必須到JR綠色窗口辦理。

車站的自動售票機分成很多種，上面幾乎都有中英文標示，不用擔心看不懂哦！

以這個售票機的介面為例，語言選擇通常都會在右上方那一排，請先點選其中一種語言，以利操作。

如欲從成田機場搭乘N'EX成田特快、JR成田線快速電車，請跟著JR東日本紅底白字的指示牌前進。

如欲從成田機場搭乘京成電鐵，請跟著京成電鐵的指示牌前進。

若要搭乘巴士進東京市區，需在巴士售票櫃台先購票，再到指定的地點搭車。

羽田機場的指示牌上，「單軌電車」、「京急線」與「巴士」的指示十分清楚，非常好找。

成田機場　　　　　　　　　　　羽田機場

下載實用的交通App

左邊是Yahoo! JAPAN推出的轉乘App，右邊是東京Metro推出的轉乘App。前者推出的App版面清爽、分類清楚，雖說是日文版本，但透過漢字也能輕鬆使用。使用地鐵聯票或地鐵1日券時比較需要用到後者。

Yahoo! JAPAN轉乘App的首頁。輸入出發地與目的地後（若有一定要經過的站請按「經由」並輸入），接著按檢索即可（使用地鐵聯票者需盡量避開JR路線）。

若想查詢非當下的班次，只要按下現在時刻就會跳出可選時間的畫面，輸入完畢按「完了」，然後再按檢索即可。

檢索完畢後會出現各種建議路線，可點選最上方的早（依所需時間排列）、樂（依轉乘數排列）、安（依價格排列）檢視不同的排序。

點選其中1條建議路線後，會出現此畫面，想儲存可按左上綠底白十字（ルートメモ），儲存完畢可在下排的「Myページ」看到儲存的內容，也可點選路線圖檢視行車路線。

好用的東京觀光票券

東京地鐵通票（Tokyo Subway Ticket）

對　　象：僅限外國觀光客（購買時需出示護照）

使用範圍：東京Metro地鐵全線與都營地鐵全線

有效時間：啟用後隨即開始計時

售票地點：成田機場（京成巴士售票櫃檯）、羽田機場（國際線觀光情報中心）等地（詳細地點見：https://www.tokyometro.jp/tcn/ticket/travel/index.html）

票　　價：（24小時）大人¥800；兒童¥400
　　　　　（48小時）大人¥1200；兒童¥600
　　　　　（72小時）大人¥1500；兒童¥750

東京一日券（東京フリーきっぷ）

對　　象：不分國內外人士

使用範圍：JR東日本東京都內普通列車之普通自由席（含快速）、
　　　　　東京Metro全線、都營地下鐵全線、都電荒川線、都巴士
　　　　　（深夜巴士、指定席除外）、日暮里舍人線

有效時間：限當日有效

售票地點：使用範圍內的各線自動售票機（有少部分車站未販售）

票　　價：大人¥1590；兒童¥800

東京都市地區通票（都区内パス）

對　　象：不分國內外人士

使用範圍：東京23區內的JR電車

有效時間：限當日有效

售票地點：JR東日本各站自動售票機

票　　價：大人¥750；兒童¥370

東京Metro 24小時車票（東京メトロ24時間券）

對　　象：不分國內外人士

使用範圍：東京Metro全線

有效時間：啟用後24小時內有效

售票地點：東京Metro各站自動售票機

票　　價：大人¥600；兒童¥300
　　　　　※大人：12歲以上之乘客（12歲以上仍在小學就讀則算兒童票）
　　　　　※兒童：6～11歲之乘客

東急電鐵一日券（東急ワンデーオープチケット）

對　　象：不分國內外人士

使用範圍：東急線全線

有效時間：限當日有效

售票地點：東急線各站售票機（世田谷線、兒童之國線除外）

票　　價：大人¥660；兒童¥330

東急三角一日券（トライアングル　チケット）

對　　象：不分國內外人士

使用範圍：澀谷、二子玉川、自由之丘所構成的17站

有效時間：限當日有效

售票地點：東急線各站售票機（世田谷線、兒童之國線除外）

票　　價：大人¥400；兒童¥200

池袋一帶

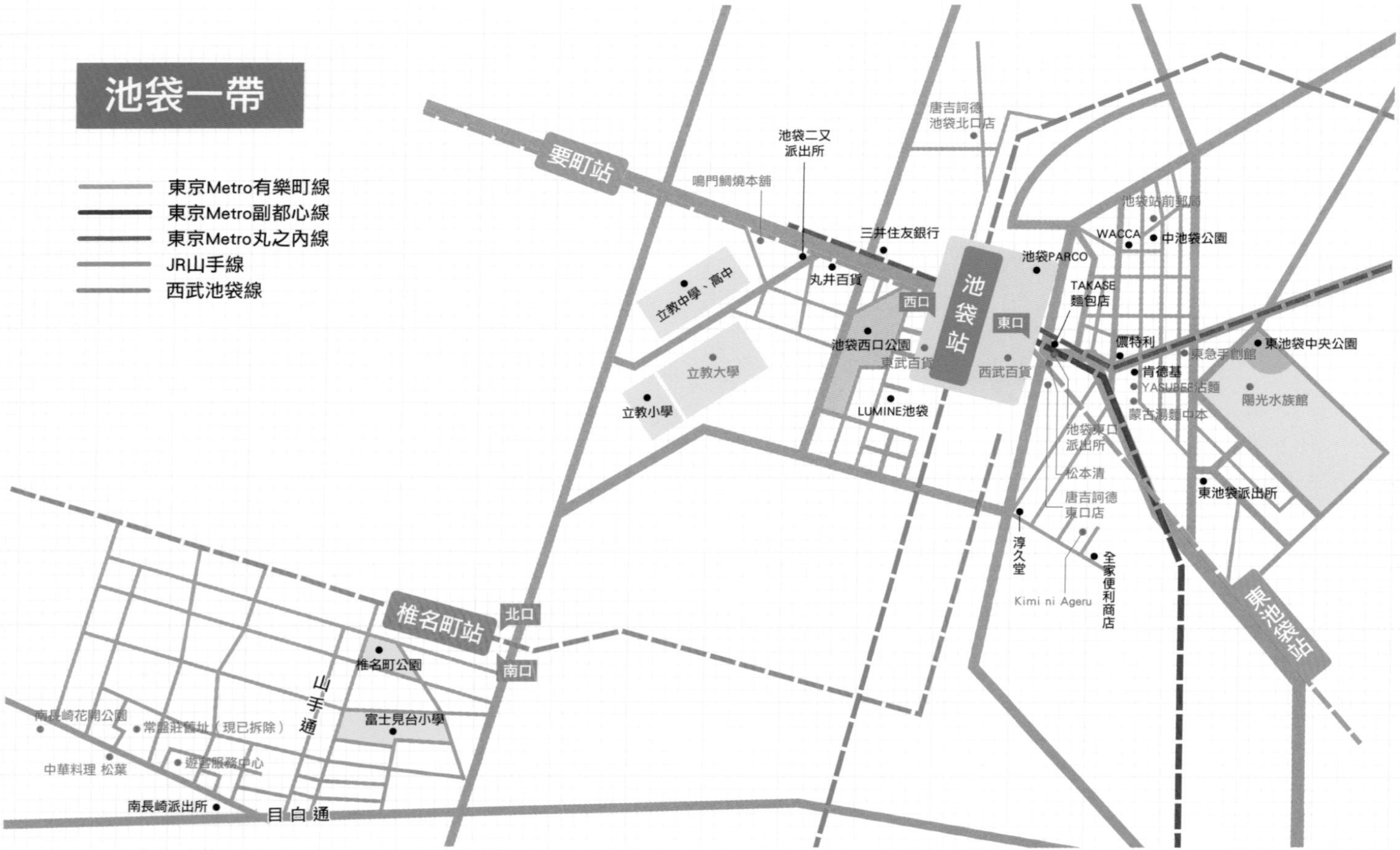

東京Metro有樂町線
東京Metro副都心線
東京Metro丸之內線
JR山手線
西武池袋線
要町站
池袋站
東池袋站
椎名町站
西口
東口
北口
南口
唐吉訶德
池袋北口店
池袋二叉
派出所
鳴門鯛燒本舖
三井住友銀行
丸井百貨
立教中學、高中
立教大學
立教小學
池袋西口公園
東武百貨
LUMINE池袋
池袋PARCO
西武百貨
池袋站前郵局
WACCA
中池袋公園
TAKASE
麵包店
儂特利
東急手創館
東池袋中央公園
肯德基
YASUBEE沾麵
陽光水族館
蒙古湯麵中本
池袋東口
派出所
松本清
唐吉訶德
東口店
東池袋派出所
淳久堂
全家便利商店
Kimi ni Ageru
椎名町公園
山手通
富士見台小學
南長崎花開公園
常盤莊舊址（現已拆除）
中華料理 松葉
遊客服務中心
南長崎派出所
目白通

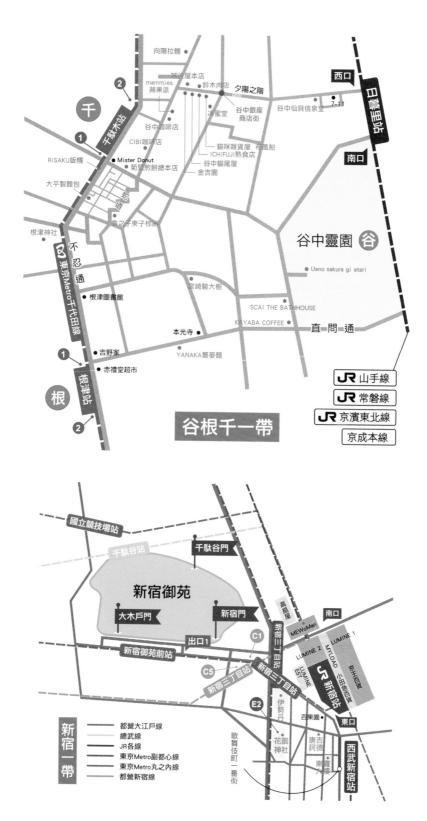

谷根千一帶

向陽拉麵
越後屋本店
mammies 蘋果派
鈴木肉店
夕陽之階
西口
日暮里站
7-11
谷中咖啡店
谷中銀座 谷中仙貝信泉堂
冰蜜堂 商店街
南口
CIBI咖啡店
千 千駄木站
貓咪雜貨屋 布風船
RISAKU飯糰 Mister Donut
ICHIFUJI熟食店
谷中貓尾屋
大平製麵包 菊見煎餅總本店
金吉園
池之子束子棕刷
谷中靈園 谷
根津神社
不 Ueno sakura gi atari
忍
根津圖書館
東京Metro千代田線 宮崎駿大樹
本光寺
SCAI THE BATHHOUSE
KAYABA COFFEE
吉野家 直 問 通
YANAKA蕎麥麵
赤褝堂超市
根 根津站

JR 山手線
JR 常磐線
JR 京濱東北線
京成本線

新宿一帶

國立競技場站
千駄谷站
千駄谷門
新宿御苑
高島屋
南口
大木戶門
新宿門
MEWoMan
出口1 LUMINE 2 LUMINE 1
C1
新宿三丁目站 MYLOAD
新宿御苑前站 新宿三丁目站 LUMINE 京王百貨
C5 LUMINE EST JR 新宿站
新宿三丁目站
E2 小田急百貨
伊勢丹 東口
百果園
花園 唐吉
神社 訶德 西武新宿站
歌舞伎町 東寶
一番街

新宿
都營大江戶線
總武線
JR各線
東京Metro副都心線
東京Metro丸之內線
都營新宿線

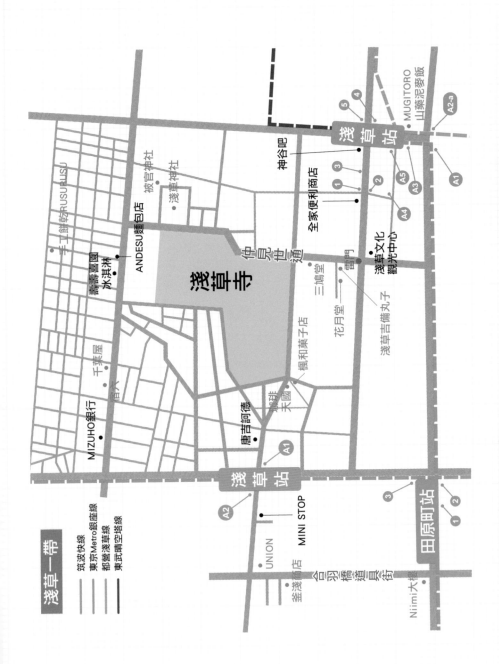

淺草一帶

淺草寺

仲見世通

MIZUHO銀行
手工餅乾RUSUKUSU
轟音冰園
冰淇淋
ANDESU麵包店
被官神社
淺草神社

千葉屋
柏六

神谷吧
全家便利商店
淺草站
MUGITORO 山藥泥麥飯
A2-a
A1
A5
A3
A4
5 4
3
2
1

淺草文化
觀光中心
雷門
三鳩堂
花月堂
淺草吉備丸子
楓和菓子店
珈琲
天國
唐吉訶德

淺草站
A1
A2

UNION
MINI STOP

田原町站
3
1 2

釜淺商店
合羽橋道具街
Niimi大樓

筑波快線
東京Metro銀座線
都營淺草線
東武晴空塔線

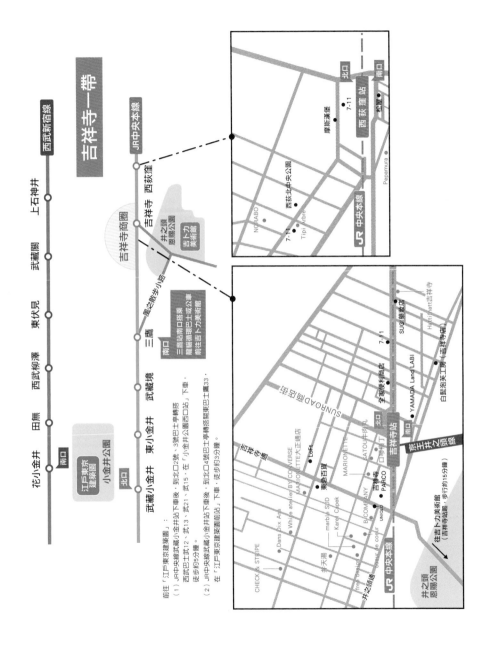

吉祥寺一帶

西武新宿線

上石神井
武藏關
東伏見
西武柳澤
田無
花小金井

西武東京建築園
小金井公園

南口

北口

江戶東京建築園
小金井公園

武藏小金井
東小金井
武藏境

JR中央本線

吉祥寺商圈

吉祥寺　西荻窪

井之頭
恩賜公園

吉卜力
美術館

風之散步小路

北口

南口

西荻北中央公園

摩斯漢堡

7-11

西荻窪站

松屋

NORABO

7-11

Tipi Arbre

Pepamura

JR 中央本線

南口

三鷹站南口搭乘
龍貓循環巴士或公車
前往吉卜力美術館

SUNROAD

吉祥寺通

吉祥寺站

北口

南口

京王井之頭線

JR 中央本線

井之頭通

井之頭
恩賜公園

CHECK & STRIPE

井天滿

free design

Dans Dix Ans

Whife atelier BY CONVERSE

MARIONETTE大正通巷

marble SJD

Karel Čapek

Mosaic de coeur

東急百貨

LOFT

吉祥寺通商店街

�&COMPANY

UNIQLO

MARIONETTE

BATOUR大正巷

PARCO

全家便利商店

7-11

SUGI 藥妝店

YAMADA Land LABI

Huit hPart 吉祥寺

白髭泡芙工房（吉祥寺店）

（往吉卜力美術館
（吉祥寺站起，步行約15分鐘）

前往「江戶東京建築園」：
(1) JR中央本線武藏小金井站下車後，到北口2號、3號巴士亭轉搭
西武巴士武12、武13、武21、武15，在「小金井公園西口」站下車，
徒步約5分鐘。
(2) JR中央本線武藏小金井站下車後，到北口4號巴士亭搭關東巴士境33，
在「江戶東京建築園前」站，下車，徒步約3分鐘。

9

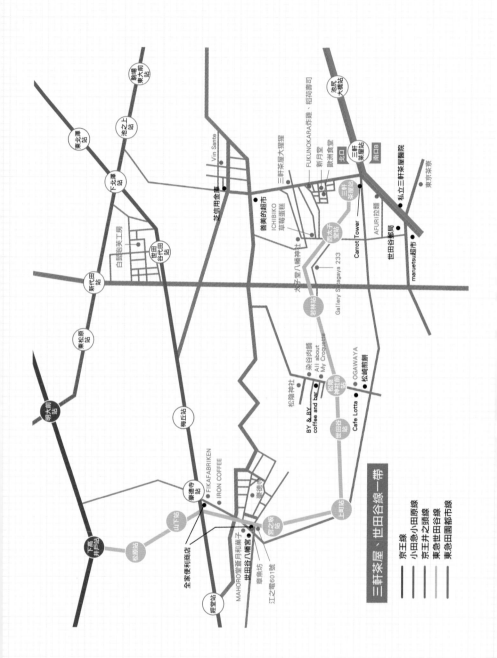

三軒茶屋、世田谷線一帶

──	京王線
──	小田急小田原線
──	京王井之頭線
──	東急世田谷線
──	東急田園都市線

駒澤站 東大前站

池之上站

東北澤站

下北澤站

Vin Sante

芝信用金庫

白髮包芙工房

世田谷站

新代田站

東松原站

明大前站

梅丘站

豪德寺站 FIKAFABRIKEN ● IRON COFFEE

山下站

松原站

下高井戶站

豪德寺

宮之坂站

世田谷八幡宮

MAHORO堂蒼月和菓子
全家便利商店
草魚坊
江之電601號

若林站

松陰神社

松陰神社站

BY ＆ BY coffee and bar

染谷肉舖 ● All about ● My Croquette

OGAWAYA ●

松崎煎餅

世田谷站

Cafe Lotta

上町站

善美的超市

ICHIBIKO ● 草莓蛋糕

三軒茶屋大理澤 ●

FUKUNOKARA炸雞、稻荷壽司

新月堂

歐洲食堂

三軒茶屋站 北口

南口 LDB

大子堂八幡神社

西太子堂站

Gallery Setagaya 233

Carrot Tower

三軒茶屋站

AFURI拉麵

世田谷郵局

maruetsu超市

私立三軒茶屋醫院

池尻大橋站

東京茶祭

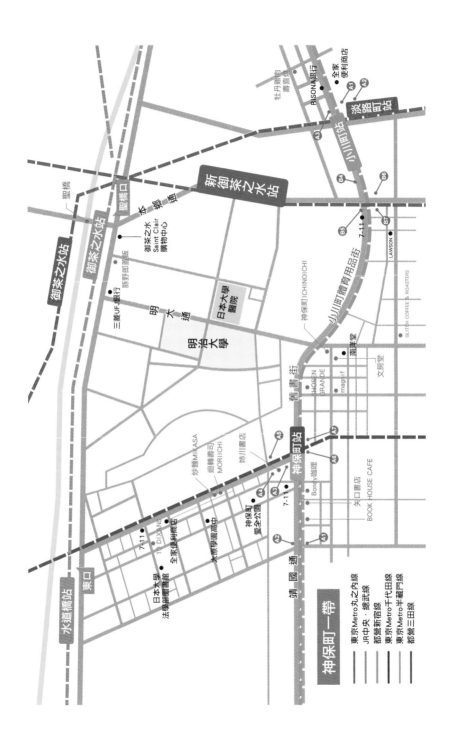

神保町一帶

御茶之水站

御茶之水站

水道橋站

新御茶之水站

淡路町站

小川町站

神保町站

聖橋

本鄉通

明治通

靖國通

書店街

御茶之水 Saint Clair 購物中心

豚野郎蒟蒻飯

三菱UFJ銀行

明治大學

明大通

日本大學醫院

神保町ICHINOICHI

小川町體育用品街

牡丹雞肉醬菜燒

RISONA銀行

全家便利商店

GLITCH COFFEE & ROASTERS

LAWSON

南洋堂

文房堂

SHOSEN GRANDE

magnif

姊川畫店

迴轉壽司 MORIICHI

炒麵 MIKASA

Bondy咖哩

矢口書店

BOOK HOUSE CAFE

神保町鯊全公園

水煎學園高中

神保町站

全家便利商店

7-11

7-11

7-11

TIO DIXONS

日本大學

法律關聯電影館

東口

A1 A2 A3 A4 A5 A6 A7 A8 B4 B5 B6 B7

東京Metro丸之內線

JR中央・總武線

都營新宿線

東京Metro千代田線

東京Metro半藏門線

都營三田線

11

原宿、澀谷一帶

東京Metro副都心線
JR山手線
東京Metro千代田線
東京Metro銀座線
東急田園都市線

明治神宮
原宿站
竹下通
AFURI阿夫利
東京旅遊諮詢服務中心
松本清
全家便利商店
DESIGN FESTA GALLERY WEST
STAY REAL
AINZ & TULPE
LINE FRIENDS
Laforet
東急PLAZA
COFFEE MAMEYA
明治神宮站前（原宿）
越泉豬排
全家便利商店
BOTANIST Tokyo
表參道之丘
Flying Tiger
貓街
Kiddy Land
外苑前站
青山一丁目站
神宮外苑銀杏大道
APPLE STORE
代代木競技場
冬季限定
澀谷青之洞窟燈海
NHK電視台
White Atelier by CONVERSE
BLUE BOTTLE
Qu'il fait bon 水果塔
Café Kitsuné
表參道站
AO大樓
Hoppetta
東急手創館
茑屋平吉
TOWER RECORDS
西斑牙坂
全家便利商店
DAISO
H&M
LoFt
TSUTAYA
MODI百貨
Disney Store
兒童樹
岡本太郎紀念館
八公口
正面口
109百貨
八公像
澀谷站
南口
東口
Hikarie購物中心
青山通
NANAYA冰淇淋
青山學院大學青山校區
MARK CITY
六本木通
新南口
並木橋
BUY ME STAND

自由之丘一帶

東急大井町線
東急東橫線

自由通

宇宙人OUTLET
星巴克
Cath Kidston
Arabicا服飾店

THE ESSENCE紅茶醬條

北口

無印良品
SHUTTERS超值午餐

南口

自由之丘站

MIZUHO銀行

正面口

自由之丘蛋糕物屋
mini Piago超市
熊野神社
SUSUMIYA茶店

La Vita/小意大利

素食T's RESTAURANT（B2）
SHUTTERS超值午餐

Shiro cafe自由之丘
Frogs
Popeye Camera
7-11

三菱UFJ信託銀行

Mont St.Clair蛋糕店

TODAY'S SPECIAL

大型購物中心
Trainchi自由之丘

13

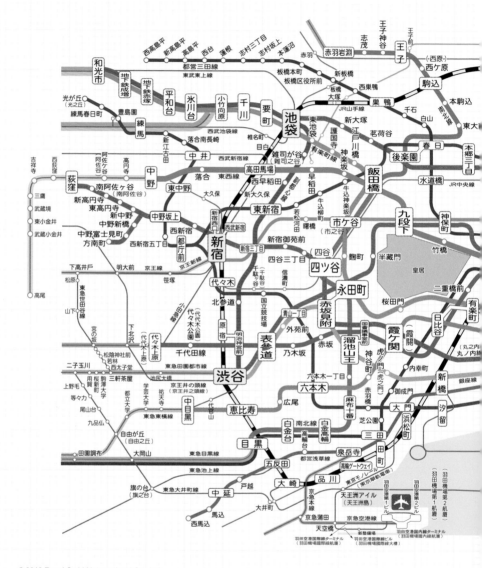

© 2019 Royal Orchid International Co., Ltd.

14

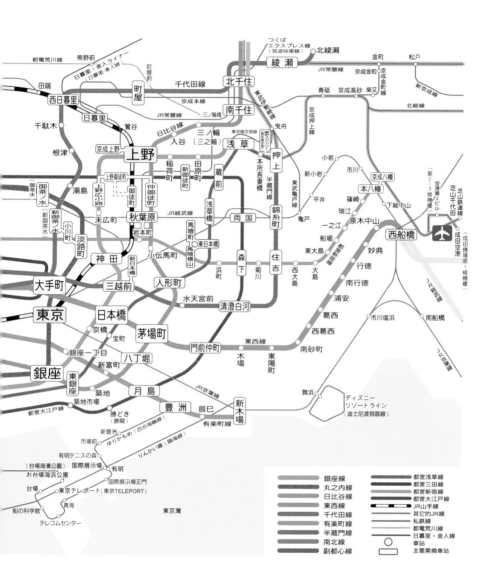

都電荒川線　熊野前　日暮里・舎人ライナー
（日暮里・舎人線）　町屋前　つくば　エクスプレス線　北綾瀬　金町　松戸
　　　　　　　　　　　　　　　　　　　　　　（筑波快速車線）　綾瀬
田端　町屋　千代田線　北千住　JR常磐線　京成金町線　新京成線
西日暮里　　　　　　　　　　　　　　　　　　　京成本線　南千住　青砥　京成高砂　柴又
千駄木　日暮里　鶯谷　JR常磐線　三ノ輪橋　　　　　　　　　　北総線
　　　　　　　　　日比谷線　三ノ輪　曳舟　京成押上線
根津　京成上野　上野　入谷（三之輪）　浅草　押上　小岩　新小岩　市川　京成八幡　空港第2ビル　芝山千代田
御茶ノ水　湯島　上野徒町　稲荷町　田原町　本所吾妻橋　半蔵門線　平井　篠崎　下総中山　成田空港
新御茶ノ水　上野広小路　仲御徒町　新御徒町　浅草橋　錦糸町　東武亀戸線　瑞江　原木中山
小川町　末広町　秋葉原　JR総武線　馬喰町　両国　亀戸　一之江　西船橋
淡路町　神田　新日本橋　小伝馬町　馬喰横山　東日本橋　森下　菊川　船堀　妙典
大手町　三越前　人形町　浜町　住吉　西大島　大島　東大島　行徳　市川塩浜
東京　日本橋　水天宮前　清澄白河　　　　　　　南行徳　南船橋
京橋　宝町　茅場町　門前仲町　東西線　浦安
銀座一丁目　八丁堀　木場　東陽町　葛西
銀座　新富町　月島　JR京葉線　南砂町　西葛西
東銀座　築地　勝どき（勝鬨）　豊洲　辰巳　新木場　舞浜　ディズニー　リゾートライン
築地市場　新豊洲　有楽町線　　　　　（迪士尼渡假線）
都営大江戸線　市場前　ゆりかもめ（百合海鷗線）　りんかい線（臨海線）
有明テニスの森　国際展示場
（台場海濱公園）　有明
お台場海浜公園　国際展示場正門
台場　　東京テレポート（東京TELEPORT）　東京湾
船の科学館　青海
テレコムセンター

	銀座線		都営浅草線
	丸之内線		都営三田線
	日比谷線		都営新宿線
	東西線		都営大江戸線
	千代田線		JR山手線
	有楽町線		其它的JR線
	半蔵門線		私鉄線
	南北線		都電荒川線
	副都心線		日暮里・舎人線
		○	車站
		▭	主要乗換車站

📍 行前Q&A

Q1 前往東京需要辦理簽證嗎？

A：短期觀光、商務停留90天可免簽。

Q2 自己買機票很難嗎？

A：一點都不。可先上Skyscanner查詢、比較旅遊日各航空公司的票機及時間，再自行向各航空公司購買。若想省去麻煩，也可以請旅行社代為購買。

Q3 東京住宿怎麼訂？

A：住宿需求因人而異，有人在乎價格，有人在乎住宿品質，有人在乎地點。而各飯店、民宿提供給各訂房網站的優惠也不盡相同，建議最好多方比較。一般使用的訂房網站有Jalan日本訂房網、樂天旅遊、Booking.com、AGODA、Hotels.com。但必須注意的是Booking.com、AGODA、Hotels.com這些國外訂房網站，即使標示取消訂房免手續費，還是有可能被信用卡公司酌收海外刷卡手續費喔！

Q4 台灣與東京有時差嗎？

A：日本比台灣快1個小時。例：若台灣時間為上午8點，日本時間則為上午9點。

Q5 日本電壓、插座？

A：日本電壓為100V，插座是雙平腳插座，和台灣一樣。如需使用圓柱形插頭與三平腳插頭，請自行準備轉換接頭。

Q6 東京哪裡有免費Wi-Fi？

A：機場、JR東日本各大車站、便利商店等地都有免費Wi-Fi可使用，有些地方不用登錄即可

海報上標示著提供免費Wi-Fi服務的場所。

東京各區及車站張貼的FREE Wi-Fi標誌，顯示此處為FREE Wi-Fi提供場所。

連上，有些則需要事先登錄資料。不過免費網路的連線品質較不穩定，需要上網的人建議最好還是先租好分享器，或去電信公司買張可無限上網的預付卡最方便。

Q7 能退稅嗎？該怎麼退呢？

A：退稅手續只能在日本稅務署許可的免稅店辦理，購物合計金額滿¥5000以上（不含稅）、¥50萬以下，出示護照才能退稅。

Q8 前往東京旅遊該避開哪些節日？

A：若想避免人潮，最好能避開4月底5月初的黃金週，此時期因節日密集，大多數人都會請幾天假連放長假，因此各個旅遊景點絕對是人山人海。另外，盂蘭盆節（類似台灣的清明節）雖然沒有明確的日期，但企業大多訂在8月15前後放連假，長短依公司而異。

日本節日一覽：

1月1日	元旦
1月第2個星期一	成人節
2月11日	建國紀念日
3月20日或21日	春分節
4月29日	昭和紀念日
5月3日	憲法紀念日
5月4日	綠之節
5月5日	兒童節
7月第3個星期一	海洋節
8月11日	山之日
9月第3個星期一	敬老節
9月22日或23日	秋分節
10月第2個星期一	體育日
11月3日	文化節
11月23日	勤勞感謝日